Carlos Alberto Tinoco

OS MISTÉRIOS DA INTUIÇÃO

Coleção "Êxito" - 59
volumes publicados

1. Do Fracasso ao Sucesso na Arte de Vender..Frank Betiger
2. As Cinco Grandes Regras do Bom Vendedor..Percy Whiting
3. Vença Pelo Poder Emocional...Eugene J. Benge
4. Sucesso na Arte de Vender...Harold Sherman
5. A Arte de Vender para a Mulher..Janet Wolf
6. TNT - Nossa Força Interior...H. Sherman e C. Bristol
7. O Segredo da Eficiência Pessoal...Donald A. Laird
8. Realize suas Aspirações...Elmer Wheeler
9. Dinamize sua Personalidade...Elmer Wheeler
10. Vença pela Força do Pensamento Positivo...Pierre Vachet
11. Venda Mais e Melhor..W. K. Lewis
12. A Chave do Sucesso...W. G. Damroth
13. Os Sete Segredos que Vendem...E. J. Hegarty
14. Psicologia Aplicada na Arte de Vender...Donald A. Laird
15. Grandes Problemas e Grandes Soluções do Vendedor Moderno..........Percy Whiting
16. Ajuda-te pela Cibernética Mental..U. S. Anderson
17. Super TNT - Liberte suas Forças Interiores...Harold Sherman
18. Poder da Comunicação..J. V. Cerney
19. Poder da Cibernética Mental..R. Eugene Nichols
20. Leis Dinâmicas da Prosperidade..Chatherine Ponder
21. Leitura Dinâmica em 7 Dias...Willian Sahial
22. A Psicologia da Comunicação..Jesse S. Nirenberg
23. Criatividade Profissional...Eugene Von Fange
24. Poder Criador da Mente..Alex F. Fange
25. Arte e Ciência da Criatividade...George F. Kneller
26. Use o Poder de sua Mente..David J. Shwarts
27. Para Enriquecer Pense como um Milionário...Howard E. Hill
28. Desperte sua Força Mental...Alex F. Osborn
29. Criatividade Progresso e Potencial..Calvin W. Taylor
30. Criatividade – Medidas, Testes e Avaliações...E. Paul Torrance
31. Psicologia, Técnica e Prática de Vendas...Constantino Grecco
32. Vença Pela Fé..Gordon Powell
33. Ideias para Vencer..Myron S. Allen
34. A Força do Poder Interior...J.J. McMabon
35. O Líder – 500 Conceitos de Liderança...Ilie Gilbert
36. Gerência de Lojas...Constantino Grecco
37. O Líder – vol. II...Ilie Gilbert
38. Viver Agora...Joel S. Goldsmith
39. O Líder – vol. III..Ilie Gilbert
40. Nos Bastidores da Venda..I. R. Petarca
41. Manual da Criatividade..Mauro Rodrigues
42. A Alegria do Triunfo..Patrick Estrade
43. Ajuda-te pela Magia...J. M. Nogueira
44. Liderança com Sucesso..Isabel F. Furini
45. O Poder do Subconsciente..Marcel Rouet
46. Otimismo e Ação..Isabel F. Furini
47. Como Tornar-se um Campeão de Vendas..Jonathan Evetts
48. Os 7 Pilares do Sucesso em Vendas...Jonathan Evetts
49. Negociação Personalizada...Tom Anastasi
50. Salmos para a Prosperidade..Daniel G. Fischman
51. Salmos para a Proteção..Daniel G. Fischman
52. Meditando Dia a Dia...Kimara Ananda
53. Vender é uma Arte...Terry Murphy
54. Show de Vendas..Sidney A. Friedman
55. 16 Regras para ser Feliz..Paulo G. Freitas
56. Vencer é ser Feliz..Silvério da Costa Oliveira
57. Horóscopo Japonês...Minami Keizi e Onmyoji Seto Shamon
58. Minutos de Reflexão...Norma Margareth de Marchi Assunção

Carlos Alberto Tinoco

OS MISTÉRIOS DA INTUIÇÃO

1ª edição / São Paulo
2020

Copyright © 2020 by Carlos Alberto Tinoco

Direitos exclusivos para a língua portuguesa da
IBRASA
Instituição Brasileira de Difusão Cultural Ltda.
e-mail: ibrasa@ibrasa.com.br – home page: www.ibrasa.com.br

Nenhuma parte desta obra poderá ser reproduzida, por qualquer meio, sem prévio consentimento por escrito da autora e ou dos editores. Excetuam-se as citações de pequenos trechos em resenhas para jornais, revistas ou outro veículo de divulgação.

Editoração Eletrônica: Armenio Almeida
Capa: Armenio Almeida
Ilustração Pixabay

Publicado em 2020

Dados Internacionais de Catalogação na Publicação (CIP)
(Câmara Brasileira do Livro, SP, Brasil)

A367h   TINOCO, Carlos Alberto.
            Os mistérios da intuição. Carlos Alberto Tinoco. – São Paulo : IBRASA, 2020.

            156 p. (Êxito, 00)
            ISBN 978-85-348-0377-9

            1. Intuição. 2. Espiritismo. 3. Sonhos. 4. Percepção do oculto. I. Título. II. Série.

                                CDU 159.956

Índice para catálogo sistemático: Vivian Riquena CRB 8/7295
Intuição: 159.956
Espiritismo: 133.9
Percepção do oculto: 133.3
Sonhos: 159.963.3/.38

IMPRESSO NO BRASIL - PRINTED IN BRAZIL

"A questão fundamental na vida de uma pessoa é saber se ela mantém relações com o infinito ou não".

1- (JUNG, Carl Gustav (1963). **Memories, Dreams, Reflexions**. New York: Pantheon, p. 325)

2- (In: NOVAK, Philip. **A sabedoria do Mundo**. (1999). Rio de Janeiro/RJ: Editora Nova Era, p.15)

DEDICATÓRIA

Eis o teu livro, Emília Angelotti. As rosas que te dei naquela tarde de janeiro, ainda estão viçosas. Ganharam a ternura das tuas mãos. Foi você a quem conheci, após atravessar a tristeza e a solidão. Você derramou perfume na minha vida.

A você, dedico este livro.

Em Manaus tenho um amigo professor, Marcelo Santos Farias que me dedicou o seguinte texto:

Para Entender a Música
Dedicado a Carlos Alberto Tinoco

I- Pare um instante!
Observe agora o fluxo,
De um ponto qualquer, distante,
Do Vai-e-Vem dos passos
Da rua em que você mora.
Compare ao rio

II- Aprenda a sair de casa
Não pela porta à fora
Em direção à rua,
Mas pelo teto acima
Através dos Céus.

III- Havia dois recordistas
Mundiais de permanência sob a água
Numa bolha um ser se torna
Se enchendo de ar,
O outro se liquefazia
Se tornando o mar.

Marcelo Santos Farias

SUMÁRIO

APRESENTAÇÃO 13
PREFÁCIO 21
CAPÍTULO 1
    INTRODUÇÃO AO ESTUDO DA INTUIÇÃO 23
CAPÍTULO 2
    SINCRONICIDADE E COINCIDÊNCIAS 31
CAPÍTULO 3
    SONHOS ANUNCIADORES 41
CAPÍTULO 4
    PROFETISMO 73
CAPÍTULO 5
    ORÁCULOS 79
CAPÍTULO 6
    FATOS INTUITIVOS E REVELAÇÕES 105
CAPÍTULO 7
    XAMANISMO E SUBSTÂNCIAS DE PODER 137

APRESENTAÇÃO

"Aqueles que sabem, não falam. Aqueles que falam, não sabem"

(TSE Lao. **Tao te King**, 56)

> 1- (In: NOVAK, Philip (1999). **A sabedoria do Mundo**. Rio de Janeiro/RJ: Editora nova Fronteira, p.170)

Quando residi em Natal, no início da década de 1960 estava estudando muito para ser aprovado no exame vestibular para o Curso de Engenheiro Civil da Universidade Federal do Rio Grande do Norte. Para lecionar Matemática no cursinho pré-vestibular, foi contratado um professor idoso que lecionava no Instituto Tecnológico da Aeronáutica – ITA.

Lembro que o referido professor distribuiu uma lista de exercícios para ser entregue em um prazo de três dias. Fui para casa e iniciei a resolver as questões propostas. Resolvi todas, exceto uma delas. Era uma questão de geometria plana onde foi pedido o cálculo de uma determinada área complexa. Tentei a solução até alta madrugada. Com muito sono, deixei na minha mesa de cabeceira, o papel com o problema e um lápis. Logo em seguida, dormi profundamente. Mais tarde, quase ao amanhecer, acordei com a solução pronta e acabada na minha mente. Em seguida, anotei o desenvolvimento do cálculo da referida área Em outras palavras, resolvi a questão enquanto dormia.

Residi em Manaus por 28 anos seguidos. Por volta de 1969, minha esposa foi levada pelos seus pais para a Cidade de Natal, RN, para exames pré-natais. Ela se demorou por aproximadamente 40 dias. Sentindo a falta da minha esposa, à noite sonhei que alguém batia palmas à minha porta e eu fui verificar do que se tratava. Era o carteiro, que, estendendo-me a mão, me entregou um telegrama. Lembro que abri aquele documento postal e em seguida li. Era um telegrama da minha sogra, informando a sua breve chega à Manaus, informando o dia, o horário e a companhia aérea, para que fosse apanhá-las no aeroporto. Acordei e não dei importância ao sonho.

Três dias transcorreram sem novidades. Na manhã do quarto dia, estava na sala de estar da minha casa quando ouvi alguém batendo palmas à minha porta. Era o carteiro, exibindo na sua mão, um telegrama. Surpreso, abri e li. O conteúdo era exatamente igual ao do sonho. Dia da chegada, horário e a companhia aérea, tudo igual ao sonho!

Esse tipo de sonho é chamado de "Sonho Premonitório". A Premonição é o fenômeno Psi estudado pala Parapsicologia (ou Psicologia Anomalística), onde a mente tem acesso à um fato que ocorrerá no futuro, sem que exista nenhuma relação de causa e efeito entre o momento presente e o fato futuro antevisto. São incontáveis os relatos de sonhos ou visões premonitória. Nos arquivos da Society For Psychycal Researsh de Londres, há muitos registros bem documentados desses tipos de fatos.

Uma das primeiras perguntas que fazemos quando presenciamos ou lemos sobre a premonição é: Se a mente tem, de alguma forma, acesso aos fatos que ainda estão por acontecer, então o "futuro está pronto" aguardado para ser conhecido? Esta questão, por enquanto, não tem resposta!

O filósofo Immanuel Kant, no seu monumental livro "Crítica da Razão Pura" diz, na página 65:

> "Não importa o modo e os meios pelos quais um conhecimento se refira a objetos, é pela intuição que se relaciona imediatamente com estes. O fim para o qual tende, como meio, todo pensamento é intuição. Porém, essa intuição apenas se verifica no momento em que nos for dado. Por sua vez, isso só é possível pelo menos para nós homens, se o objeto, de certa forma, afetar o espírito".
>
> 1- (KANT, Immanuel (2001). **Crítica da Razão Pura**. São Paulo/ SP: Editora Martin Claret)

Não existe uma definição aceita universalmente sobre o que venha a ser a intuição. Dependendo da escola de psicologia, há uma definição particular.

Ao longo deste livro, serão apresentadas algumas dessas definições e também fatos incríveis percebidos pala intuição.

Curitiba, verão de 2020

Carlos Alberto Tinoco[1]

yogatatva@yahoo.com.br

www.carlostinoco.blogspot.com

---

[1]. Carlos Alberto Tinoco é Engenheiro Civil, mestre em educação e doutor em História da Educação, com uma tese sobre o Yoga.

"Um imbecil proclama suas capacidades. Um sábio as mantém secretas em si mesmo. Uma palha flutua à superfície da água. Mas uma pedra preciosa afunda. Falar muito é fonte de infortúnio, o silêncio é o meio de evitar o infortúnio. O papagaio tagarela é fechado numa gaiola. Os outros pássaros não sabem falar e voam livremente por toda a parte".

(Da sabedoria tradicional do Tibete)

1- (In: SANDUP, Lama Kazi Dawa (1980). **O livro Tibetano dos Mortos - Bardo Thodol**. São Paulo/SP: Editora Hemus, p. 160-161)

CREIO

Eu creio, pude crer. Ah! finalmente pude,
Rompendo das paixões o espesso torvelinho,
Vibrando de prazer as cordas do alaúde,
Ver a estrela da fé brilhar em meu caminho.

E sinto-me tão bem dentro deste alvo linho,
Que até me refloriu a graça e a saúde;
Ando quase a voar, sou quase um passarinho,
E penso que voltou a flor da juventude...

Que doirada ilusão! que divina loucura!
Só me arrebata o olhar a luminosa altura,
Onde fulgem de amor todos os astros nus...

Beijo embriagador! Oh, fogo que me abrasas!
Quanto te faz febril a ideia de ter asas,
E de poder fugir para a infinita luz.

Emiliano Perneta

PREFÁCIO

No final dos anos 1980, uma frase penetrou-me indelevelmente. Ela foi dita por uma singularidade em minha vida. Lendo este livro escrito pelo meu professor, mestre e amigo Dr. Carlos Alberto Tinoco, pude sentir a atemporalidade e relembrar o quão verdadeira esta sentença é.

Na matemática atual, assim como nas ciências, a intuição se tornou um termo fraco, desprestigiado e até mesmo marginalizado. Todavia, seres do porte de Einstein na física e Ramanujan e Poincaré na matemática, entre outros, contradizem esta concepção, utilizando a intuição sobremaneira, eclipsando dramaticamente a prestigiada lógica.

De uma forma ou de outra creio que todos já saborearam momentos de uma realidade fantástica. Lembro-me perfeitamente que em estado entre o sono e a vigília, pude capturar a vontade de meu pai antes que ele adentrasse em meu quarto. Enigmaticamente, eu já sabia o que ele queria mesmo em sua ausência física.

Que mundo admirável é esse que o invisível se torna secretamente visível? Onde sonhos se convertem realidade? Livros oraculares, pedras, animais e outros "seres" falam melhor que a ciência? Substâncias libertam a mente consciente, transportando-a para percepções e reinos plenos de significado? O tempo e o espaço são transcendidos por santos e xamãs, mas também por pessoas comuns. Esta obra, magnificamente escrita, revela não apenas fatos, mas possibilidades de se tocar e compreender o insondável infinito.

Sim, meu querido mestre Tinoco sua frase era e sempre será verdadeira. "O mundo é bem mais mágico que lógico".

Dr. Henrique Reffert Filho
Doutor em Matemática

CAPÍTULO 1

INTRODUÇÃO AO ESTUDO DA INTUIÇÃO

Não posso dar a razão, mas toda História, tanto antiga quanto moderna, atesta o fato de que nenhum grande infortúnio acontece, seja a uma cidade ou a uma província, que não tenha sido predito por alguém que possua o dom da profecia, ou então anunciado por prodígios ou sinais celestes.

Muito desejável seria se a causa disto pudesse ser discutida por homens conhecedores das coisas naturais e sobrenaturais, uma vantagem que nós mesmos não possuímos. Qualquer que seja a explicação, o fato não pode ser questionado.

1- MAQUIAVEL, Nicolau (1469 – 1527). **Discursos Sobre a 1ª Década de Tito Lívio. 1520.**

2- In: LESSA, Adelaide Petters (1978). **Paragnose do Futuro.** São Paulo/SP: Editora Ibrasa, p. 93

O que é a Intuição? O que são os sonhos? Ainda existem profetas no século XXI?

Segundo PIERRE, Francesco Pietri (2002). **Dicionário Junguiano**. Editora Vozes/Paulus, no verbete "Intuição", pode-se ler:

> **Intuição**: Relação direta e imediata com alguma coisa, pela qual se chega à sua compreensão sem mediações conceituais. É um modo particular de perceber e avaliar a realidade, de modo que se chega a decisões ou a conclusões sobre a realidade sem a consciência do processo mental seguido e, portanto, sem a possibilidade de que este seja formalmente explicado. A intuição difere, justamente, da previsão, do julgamento e da percepção consciente, enquanto fundamentada sobre pistas mnésicas inconscientes e sobre experiências ou julgamentos esquecidos.

Ainda segundo o referido Dicionário (cujas páginas não estão numeradas), a tarefa da intuição é "transmitir as percepções por via inconsciente". Portanto, segundo o psicólogo suíço Carl Gustav Jung, os processos intuitivos são inconscientes.

A intuição é um processo pelo qual os humanos passam, às vezes e involuntariamente, para chegar a uma conclusão sobre algo. Na intuição, o raciocínio que se usa para chegar à conclusão é puramente inconsciente, fato que faz muitos acreditarem que a intuição é um processo paranormal ou divino. Seu funcionamento e até mesmo sua existência são um enigma para a ciência. Apesar de já existirem muitas teorias sobre o assunto, nenhuma é dada ainda como definitiva. A intuição leva um sujeito a acreditar com determinação que algo poderá acontecer.

A palavra intuição vem do latin, intuitione, formado a partir da união de "in-" (em, dentro) e "tuere" (olhar para; guardar). No português, provavelmente uma inflexão do francês "intuition" (contemplação, conhecimento imediato, pressentimento que nos permite adivinhar o que é ou deve ser), originado do latim.

Para Sigmund Freud a intuição é um fenômeno que se origina no inconsciente e este, seria o inconsciente biográfico que surge após o nascimento. No entanto, os fatos intuitivos parecem negar essa afirmação. Muitos Profetas, médiuns, videntes e paranormais têm acesso a fatos que ocorrerão no futuro, sem nenhuma relação de causa e efeito com os acontecimentos do presente. Não se pode extrair do inconsciente um fato que nele não existe. Só se pode retirar de um quarto fechado, objetos que foram ali colocados previamente.

Para Jung existem dois tipos de inconsciente: o freudiano ou biográfico e o inconsciente coletivo. Neste último, se encontra a memória ancestral da humanidade. Jung, examinando mitos de populações indígenas das américas, encontrou-os também entre os aborígenes australianos e em outros povos. Isso o levou a concluir pela existência de uma memória ancestral pertencente a toda humanidade, ou seja, o inconsciente coletivo.

Segundo O Dicionário Junguiano (PIERE, Paolo Francesco (2002), no verbete Intuição:

> Mais em geral, a intuição indica a relação direta e imediata com um objeto qualquer, motivo pelo qual deste é sempre dada a presença efetiva. Justamente pelo fato de atribuir ao objeto uma presença imediata, a intuição se modela sobre uma visão sensível.

Sim, a intuição pode se apoiar em objeto material, mas em alguns casos, não procede deste. Não se sabe de onde vem as percepções dos profetas. Ao que tudo parece indicar, deve haver uma instância superior, uma consciência fundamental de onde se origina as visões proféticas.

Intuição significa para Henri Bergson, apreensão imediata da realidade por coincidência com o objeto. Em outras palavras, é a realidade sentida e compreendida absolutamente de modo direto, sem utilizar as ferramentas lógicas do entendimento: a análise e a tradução. Isto é, a intuição é uma forma de conhecimento que penetra no interior do objeto de modo imediato sem o ato de analisar e traduzir. A análise é o recorte da realidade, mediação entre sujeito e objeto. A tradução, é a composição de símbolos linguísticos ou numéricos que, analogamente a primeira, também servem de mediadores. Ambas são meios falhos e artificiais de acesso a realidade. Somente a intuição pode garantir uma coincidência imediata com a realidade sem símbolos nem repartições.

Os interessados na leitura de livros de Henri Bergson em português, dentre outros:

1- BERGSON, Henri (1979). **A Evolução Criadora**. Rio de Janeiro/RJ: Editora Zahar;

2- BERSON, Henri (s/d). **Ensaio Sobre os Dados Imediatos da Consciência**. Lisboa: Edições 70;

3- BERGSON, Henri (?). **As Duas Fontes da Moral e da Religião**. Rio de Janeiro/RJ: Editora Zahar.

Einstein era muito intuitivo. Quando tinha um complexo problema matemático a resolver, era comum ele passar dias inteiros sem contatos com ninguém, em silêncio, como se fosse um monge ou um yogue fazendo experimentos em seu "laboratório mental". Ele fazia "Experimentos com o Pensamento" idealizando mentalmente, sem nenhum laboratório, complexas experiências puramente mentais. Foi o que aconteceu quando Einstein pensava intensamente, na relação instantânea existente entre duas partículas subatômicas que possuem a mesma origem. Por exemplo, o par elétron – pósitron pode se formar quando um fóton passa próximo a um núcleo atômico. Esse fóton se divide em duas novas partículas, um elétron e um pósitron, que se afastam mutuamente. Essas duas partículas estão "ligadas" entre si por "variáveis ocultas"! Se uma delas for alterada de alguma forma, a outra, instantaneamente, "percebe" o que aconteceu com a sua "irmã". Isso ocorre com velocidade maior ou igual à da luz! Segundo a Teoria da Relatividade, não existe velocidade maior que a da luz. Nesse caso, estamos diante de um paradoxo. Essa "misteriosa" ligação entre as duas partículas irmãs é um fato previsto pela Mecânica Quântica, o que está em desacordo com a Teoria da Relatividade, uma teoria amplamente consagrada. Einstein não aceitava a Mecânica Quântica, por causa dessa previsão. Três físicos, Albert Einstein, Boris Podolsky e Nathan Rosen (EPR), discordaram dessa previsão "estranha" da Mecânica Quântica. Em 1935, os três físicos citados, com a ajuda de Uma Experiência de Pensamento de Einstein, publicaram um artigo que pensaram ser a negação da Mecânica Quântica. O título desse artigo era: A. Einstein, B. Podolsky, and N. Rosen, *Can quantum-mechanical description of physical reality be considered complete?* Phys. Rev. 47 777 (1935). Ou seja: "Pode a descrição da Mecânica Quântica da realidade, estar completa?"

Em 1982 em Paris, o físico Allan Aspec e colaboradores realizaram uma experiência que demonstrou, definitivamente, que Einstein, Poldosky e Rosem estavam errados e a Mecânica Quântica estava certa! As duas partículas gêmeas interagem com velocidade instantânea! O artigo de Allan Aspec e colaboradores se intitulava: *Experimental Realization of Einstein – Podolsky-Rosen-Bohm Gedankenexperiment: A New Violation of Bell's Inequalities*, A. Aspect, P. Grangier, and G. Roger, Physical Review Letters, Vol. 49, Iss. 2, pp. 91–94 (1982), ou seja, "Experimento Mental de Einstein-Podolsky-Rosen-Bohm: Uma Nova Violação da Desigualdade de Bell". Primeiramente, foi o Einstein quem concebeu apenas "mentalmente", toda a experiência do artigo do trio. Einstein tinha uma poderosa intuição.

Albert Einstein nasceu na cidade alemã de Ulm, em 14 de março de 1879 e faleceu em Princeton- USA, em 18 de abril de 1955, morrendo aos 76 anos. Foi um físico teórico alemão que desenvolveu a teoria da relatividade geral, um dos pilares da física moderna ao lado da mecânica quântica.

> Não existe nenhum caminho lógico para a descoberta das leis do Universo - o único caminho é a intuição" - frase atribuída a Albert Einstein (1879-1955) (https://www.facebook.com/permalink.php?story_fbid=481884895177544&id)

Sobre o papel da intuição e a importância da religião para ciência, disse Einstein:

> Não podemos permitir que a lógica seja a nossa deusa; ela tem músculos muito poderosos, mas lhe falta personalidade. A mente intuitiva é um presente sagrado, e a lógica é uma serva fiel; infelizmente nós criamos uma sociedade que honra a serva fiel, e esquecemos o presente sagrado. (https://www.pensador.com/frase/MTY0MDg1NQ/)

Em 1930, Einstein foi entrevistado pelo escritor James Murphy e o matemático John William Naves Sullivan, que eram irlandeses. Para ambos,

Einstein disse com muita convicção "Todas as especulações mais refinadas no campo da ciência proveem de um profundo sentimento religioso; sem esse sentimento, elas seriam infrutíferas"

1- (JAMMER, M. **The History of de Concepto of Distant Simultaneity**. *Recondit*, 103, p. 175: In: JAMMER, Max (2000). **Einstein e a Religião**. Rio de Janeiro/RJ: Editora Contraponto, p.28)

Albert Einstein. (quadro decorativo)

CAPÍTULO 2

SINCRONICIDADE E COINCIDÊNCIAS

JUNG E A MORTE DOS PÁSSAROS

Jung narra um fato associado à presença de pássaros no momento da morte. Essa narrativa se encontra no seu livro intitulado "Sincronicidade", págs. 16-17, publicado em 1990, pela Editora Vozes. Ele escreveu que a esposa de um seu paciente, que tinha aproximadamente cinquenta anos, contou a Jung durante uma conversa que, por ocasião da morte da sua mãe e da sua avó, um grande bando de pássaros reuniu-se em frete à janela da sala na qual está sendo velado o defunto. Outra narrativa parecida foi ouvida de outras pessoas. Em um certo casal, o marido estava em fase final do seu tratamento psiquiátrico, no qual havia conseguido extinguir uma grave neurose, quando passou a apresentar certos sintomas de quem estava com problemas cardiológicos, sendo encaminhado a um especialista. Após ser devidamente examinado, não se constatou nenhuma causa para aqueles sintomas. Ao retornar ao seu consultório particular, Jung levou consigo o diagnóstico do cardiologista em seu bolso, quando o referido paciente sofreu um infarto do miocárdio, em plena rua. E enquanto era conduzido para sua residência, sua esposa já estava aguardando o corpo com muita ansiedade. Logo após o seu marido haver saído para se dirigir ao cardiologista, um enorme bando de pássaros estava pousado no telhado da sua casa. Ao perceber os tais pássaros, ela se lembrou da ocorrência de fatos semelhantes, acontecidos no momento do falecimento da sua avó e da sua mãe.

O SENHOR DE FONTGIBU

Na sua juventude, quando estudava em um colégio em Orleans, Émile Deschamps comeu um delicioso pudim de passas, considerado relativamente raro na França daquela época. Esse pedaço de pudim lhe foi dado por um senhor conhecido por Sr. Fontgibu. Este era um emigrante que fugiu para a Inglaterra durante o sangrento período da Revolução Francesa. Posteriormente, retornou à França. Passados dez anos, o Senhor Deschamps caminhava pelo Boulevard Paissoniere em Paris, quando viu em uma vitrine, um belo pudim de passas. Não resistiu, entrou e comprou um pedaço. A garçonete virou-se para o interior da loja e disse: "Senhor de Fontgibu, por favor, sirva a este freguês!".

Em meados do século XIX, o senhor Émile Deschamps se tornou um famoso poeta romântico e autor de livros. Esse fato o impressionou vivamente e ele contou tal incidente ao astrônomo e espírita francês Camille Flammarion (com alguns livros traduzidos para o português). Continuando, o Sr. Deschamps disse que o que lhe havia dito não representava o fim da história! Muitos anos após esse fato ter se passado, Deschamps foi convidado para participar de um jantar em um apartamento em Paris. Seu anfitrião lhe contou que seria servido como sobremesa um pudim de passas. Por brincadeira, Deschamps retrucou, dizendo que tinha certeza que o Senhor de Fontgibu faria parte do grupo do Jantar. Ao final, quando a tal sobremesa foi servida, uma porta se abriu e um servente da casa anunciou: "O Senhor de Fontgibu!".

De início, o Senhor Deschamps imaginou que o anfitrião estava brincando, entretanto, ao olhar para a pessoa que entrava, reconheceu de imediato, que se tratava do Sr. De Fontgibu, muito idoso e bastante abatido pela idade. Ele se aproximou da mesa do jantar com ar de admiração. Logo ficou sabendo que foi convidado para jantar naquele mesmo prédio, no entanto, foi ao apartamento errado.

Camille Flammarion escreveu esta incrível história no periódico "L'inconnu", que significa "O Desconhecido", em 1900.

Não há como ter certeza de que essa narrativa é verídica, nem como Flammarion a contou após haver se passado vários anos.

Em português, foram publicados os seguintes livros de Flammarion:

1- FLAMMARION, Camille (?). **Urânia**. Limeira, SP: Editora do Conhecimento.

2- FLAMMARION, Camille (2001). **O Fim do Mundo**. Rio de Janeiro, RJ: FEB.

3- FLAMMARION, Camille (1996). **A Morte e os seus Mistérios**. (3 volumes). Rio de Janeiro, RJ: FEB.

4- FLAMMARION, Camille (?). **As Casas Mal--Assombradas**. Rio de Janeiro, RJ: FEB.

5- FLAMMARION, Camille (?). **Deus na Natureza**. Rio de Janeiro, RJ: FEB.

6- FLAMMARION, Camille (?). **O Desconhecido e os Problemas Psíquicos**. Rio de Janeiro, RJ: FEB.

O SONHO DE SWAMI SIVANADA RADHA

Swami Sivananda Radha relata um sonho, em seu livro.

1- **A Realidade do Mundo dos Sonhos** (1996), Editora Gaia, p. 260 - 263- Modificado:

As Duas Carruagens.

Não sei descrever onde estou, mas me entregam diversos engradados. O primeiro abre-se sozinho e revela uma belíssima carruagem de ouro fantástico! Estou impressionada e muito feliz, mas ao mesmo tempo tenho consciência da importância do sonho e uma sensação de urgência para lembrar-me dele e anotá-lo.

A carruagem inteira é de ouro puro e sai inteira do caixote. Passo os dedos no desenho que tem lateralmente. É como uma joia – extremamente bela – refletindo a luz delicadamente. Aí vejo outra pessoa que gesticula para que eu vá para o outro lado da carruagem. Ao dar a volta, vejo lampejos de uma luz azulada e nas costas de um dos assentos, está escrito com brilhantes safiras azuis: RADHA. O segundo assento não está marcado, fico surpresa e penso: – 'só pode ser a carruagem do Senhor Krishna!'.

Nesse instante minha sensação de urgência acorda-me e repito o sonho para mim mesma com uma sensação de surpresa e muita alegria, percebendo que o Divino não me abandonara. Apesar de todos os problemas nos anos seguintes, o Divino sempre manteve sua promessa: é esta a mensagem. Depois de anotar o sonho, lembrei-me dos outros engradados e achei que deveria descobrir seu conteúdo. Algumas imagens rápidas de Radha e Krishna passaram pela minha mente quando me deitei de novo. Toda a cena reapareceu em seguida, sem faltar nenhum detalhe.

Anos antes, um aluno e eu tínhamos conversado sobre sua mudança de carreira. Discutimos várias ideias, ele falava sobre seus interesses e mencionara alguém de sua família que fazia joias, o que o deixara muito intrigado. Certo dia eu estava numa loja de antiguidades e vi um catálogo sobre um curso de gemologia. Peguei-o e o dei para o rapaz. Ele começou a frequentar o curso sobre joias antigas.

No fim, estava decidido se devia pegar ou não pegar um catálogo de um leilão de que iria acontecer em Toronto.

Quando me mostrou o catálogo, disse: "Tudo aqui é 'joia' antiga e aposto que conheço o seu gosto e poderia apontar exatamente o que gostaria de ter".

Sentamos lado a lado e ficamos folheando o catálogo.

De repente, ... lá estava! Um broche minúsculo de ouro, bem diferente, na forma de uma carruagem. Fiquei tão encantada que meu amigo perguntou imediatamente se poderia dá-lo de presente para mim. Embora o leilão fosse em Toronto e eu estivesse na Costa Oeste, conseguiu fazer a oferta e comprou essa peça tão original. Ele me telefonou para dizer: "Sua carruagem de ouro está a caminho!". Dessa vez ela chegou em um minúsculo pacote em vez de um engradado.

O que eu poderia fazer então? Podia dizer que meu sonho fora uma fantasia? Um desejo? Só minha imaginação?

[...]

Depois disso, meu amigo perdeu o interesse em joias."

Na figura acima, a joia da carruagem do sonho de Swami Sivananda Rhada. (extraída de "Realidades do Mundo dos Sonhos" da referida autora, segunda orelha - Foto do autor)

O CASO DE CAMILLE FLAMMARION

Certa manhã, o astrônomo Camille Flammarion escrevia sobre uma descrição das formas incomuns assumidas pelo vento, quando uma janela do seu gabinete de trabalho foi escancarada. As folhas de papel sobre as quais grafava suas ideias sobre os movimentos do vento voaram janela à fora com velocidade, levadas pelo redemoinho por entre as árvores. Seria inútil tentar recuperá-las, uma vez que, logo em seguida teve início uma forte chuva.

> 1- (INGLIS, Brian (1994). **Coincidências** – Mero Acaso ou Sincronicidade? São Paulo/SP: Editora Cultrix, p. 14):

Qual não foi a minha surpresa ao receber dias depois, da Gráfica Lahure, na Rua de Fleurus, a cerca de uma milha de minha casa, exatamente aquele capítulo, impresso, sem uma única página faltando.

Lembrei-me de que era um capítulo sobre os efeitos estranhos do vento.

O que teria acontecido?

Ora, a coisa mais simples do mundo.

O Contínuo da gráfica (que morava perto do observatório e me trazia as provas) viu caídas no chão, encharcadas pela chuva, as folhas do meu manuscrito. Pensou que ele próprio as tinha derrubado e se apressou a recolhê-las. Arrumou-as cuidadosamente, levou-as à gráfica e não disse nada a ninguém.

ABRAHAM LINCOLN E JOHN FRITZGERALD KENNEDY

Certas coincidências podem acontecer entre vultos da história. Seriam encadeamentos curiosos e um desses fatos aconteceu quando se compara a vida dos presidentes norte-americanos J. F. Kennedy e Abraham Lincoln, com um século de intervalo entre ambos.

Vejamos tais coincidências:

1. Abraham Lincoln foi eleito presidente em 1860. John F. Kennedy foi eleito em 1960;
2. Abraham Lincoln foi eleito congressista em 1846. John F. Kennedy foi eleito para o congresso em 1946;
3. Ambos estavam preocupados com o problema dos negros norte-americanos;
4. Ambos estavam profundamente envolvidos com os direitos civis;
5. Ambos receberam tiros na cabeça;
6. Ambos foram assassinados em uma sexta-feira;
7. Ambos foram assassinados na presença das suas respectivas esposas;
8. A secretária de Lincoln chamava-se Kennedy e lhe disse para não ir ao teatro, onde foi assassinado. A secretária de John F. Kennedy chamava-se Lincoln e ela lhe avisou para não ir à cidade de Dallas, onde morreu assassinado;
9. Ambos foram sucedidos por vice-presidentes sulistas;

10. Ambos foram assassinados por sulistas;
11. Ambos os sucessores se chamavam Johnson;
12. Quem sucedeu a Lincoln foi Andrew Johnson, que nasceu em 1808. O sucessor de Kennedy foi Lyndon Johnson, que nasceu em 1908.
13. O assassino de Lincoln foi John Wilkes Booth, que nasceu em 1839. O assassino de Kennedy foi Lee Harvey Oswald, que nasceu em 1939;
14. John Wilkes Booth, após atirar em Lincoln, saiu correndo do teatro, local do crime, e foi preso em um depósito. Oswald, após o assassinato de Kennedy, saiu correndo de um depósito e foi preso em um cinema;
15. Booth e Oswald foram assassinados antes de serem julgados;
16. Lincoln foi morto no Teatro Ford; Kennedy foi assassinado em um carro Ford Lincoln.

CAPÍTULO 3

SONHOS ANUNCIADORES

"Quem é digno de abrir o livro e desatar os seus selos?"
Apocalípse, V.1

> 1- (In: LESSA, Adelaide Petters (1978). **Paragnose do Futuro- A Predição Parapsicológica Documentada**. São Paulo/SP: Editora Ibrasa, p.160)

"Certa vez eu, Chuang Tzu, sonhei que era uma borboleta, esvoaçando aqui e acolá, para todos os efeitos uma borboleta. Tinha consciência apenas de minhas fantasias de borboleta e mantinha-me inconsciente da minha individualidade de homem. De súbito, despertei e lá estava eu, novamente eu mesmo. Agora não sei se era um homem sonhando que era uma borboleta, ou se sou agora uma borboleta, sonhando que sou homem".

> 1- (In: NOVAK, Philip (1999). **A sabedoria do Mundo**. Rio de Janeiro/RJ: Editora nova Fronteira, p. 185)

OS TRÊS REIS MAGOS DOS EVANGELHOS

No Evangelho de Mateus, há uma revelação feita através de um sonho.

> 1- ALMEIDA, João Ferreira (1960). **A Bíblia Sagrada**. Rio de janeiro/RJ: Sociedade Bíblica do Brasil, p. 6:

> 2.7. Herodes, tendo chamado secretamente os magos, inquiriu deles com precisão quanto ao tempo em que a estrela aparecera; 2.8. E, enviando-os a Belém, disse-lhes: Ide, informai-vos cuidadosamente acerca do menino; e quando o tiveres encontrado, avisai-me para eu também ir adorá-lo; 2.9. Depois de ouvirem o rei, partiram; eis que a estrela que viram no Oriente os precedia, até que, chegando, parou sobre onde estava o menino. 2.10. E vendo eles a estrela, alegraram-se com grande júbilo; 2.11. Entrando na casa, viram o menino com a sua mãe Maria. Prostrando-se, o adoram; e abrindo os seus tesouros, entregaram-lhe suas ofertas: ouro, incenso e mirra; 2.12. Sendo por divina advertência prevenidos em sonho para que não voltassem à presença de Herodes, regressaram por outro caminho a sua terra.

O SONHO DE FRIEDERICH AUGUSTE KEKULÉ

(Darmstadt, 7 de setembro de 1829 — Bonn, 13 de julho de 1896) (https://alunosonline.uol.com.br/quimica/o-sonho-kekule-descoberta-benzeno.html)

Friederich Auguste Kekulé Von Stradonitz.

O químico alemão Friederich Auguste Kekulé Von Stradonitz foi um dos pioneiros da Química Orgânica teórica. Entre as suas principais contribuições para essa ciência, temos a descoberta da tetravalência do carbono (carbono realiza quatro ligações covalentes). Na sua comunicação "Sobre a Constituição e sobre a Metamorfose dos Compostos Químicos e a Natureza Química do Carbono", apresentada em 1858, ele trouxe a hipótese de que os átomos de carbono e de outros elementos com mais de uma valência podiam estabelecer ligações sucessivas. Isso explicava o fato de o carbono formar cadeias tão longas e de existir uma quantidade tão grande de seus compostos. Ele foi um dos criadores do conceito "valência".

Além dessa descoberta, Kekulé também foi aclamado por ter resolvido uma das questões que desafiavam os cientistas em meados do século XIX: a fórmula estrutural do benzeno.

Ele já sabia a sua composição, pois ele foi descoberto no gás de iluminação usado em Londres em 1825, pelo físico e químico Michael Faraday (1791-1867). Além disso, o químico Eilhardt Mitscherlich determinou que ele era composto por seis átomos de carbono e seis átomos de hidrogênio, no ano de 1834. Faltava agora determinar a sua estrutura, de uma forma que explicasse o seu comportamento químico, justificando como seis átomos de carbono podiam estar associados a somente seis átomos de hidrogênio em uma substância altamente estável e resistente a muitos ataques por combinação química. Isso representou um problema porque os químicos do final do século XIX raciocinavam apenas em termos de cadeias abertas e não pensavam em cadeias fechadas, conforme sabemos hoje que o benzeno é.

Mas Kekulé dedicou-se intensamente ao estudo das ideias que ele mesmo formara das valências dos átomos e da natureza de suas ligações e como isso levaria à estrutura do benzeno. Então, segundo as suas próprias palavras, certo dia ele estava escrevendo seu livro-texto, quando voltou sua cadeira para a lareira e começou a dormir. Ele teve um sonho, em que ele via os átomos como que dançando na sua frente e os grupos menores ficavam mais atrás. Então, ele distinguiu cadeias longas girando e torcendo-se como cobras. De repente, uma das cobras mordeu a própria cauda.

Quando ele acordou e passou a colocar esse sonho à prova no mundo real: a configuração dos átomos na molécula do benzeno seria uma "cadeia fechada" semelhante àquela cobra que mordia a própria cauda, ou seja, um ciclo hexagonal. Sua ideia realmente estava correta. De início, ele acreditava que só haveria ligações simples entre os carbonos. Porém, mais tarde, ele propôs que haveria uma alternância entre ligações simples e duplas.

É bem verdade que o sonho de Kekulé o ajudou, porém foi a sua dedicação e constantes estudos que o levaram ao sonho e à sua aplicação. Conforme disse Louis Pasteur (1822-1895): "No campo da observação o acaso favorece apenas a mente preparada".

O SONHO DE NIELS BOHR

Niels Bohr (1885-1962) foi um físico dinamarquês. Estabeleceu o modelo atômico que lhe valeu o Prêmio Nobel de Física em 1922.

Niels Henrik David Bohr.

Niels Henrik David Bohr nasceu em Copenhague, na Dinamarca, no dia 7 de outubro de 1885. Filho de Christian Bohr, professor de Fisiologia na Universidade de Copenhague e de Ellen Adler, descendente de ilustre família judia. Pai da mecânica quântica, Niels Bohr, descobriu a estrutura

45

do átomo num sonho inspirador. Bohr descreveu que no sonho viu o núcleo do átomo com elétrons girando à sua volta, tal e qual como os planetas giram em torno do Sol. Niels Bohr tentou durante muitos anos, em árduos trabalhos no laboratório, decifrar, sem sucesso, a estrutura do átomo. (http://www.isleep.pt/o-sonho-de-niels-bohrg/)

O SONHO DE JUNG

1- JUNG, C.G.(s/d). **Memórias, Sonhos, Reflexões**. Rio de Janeiro/RJ: Editora Nova Fronteira, p.273:

"Uma noite eu não conseguia dormir e pensava na morte repentina de um amigo, enterrado no dia anterior. Sua morte me preocupava muito. Subitamente tive a impressão de que ele estava no meu quarto, ao pé da minha cama e me pedia que fosse com ele. Não julgava tratar-se de uma aparição.; pelo contrário, formara do morto uma imagem visual interior e tomei-a por um fantasma. Mas, honestamente, foi-me necessário perguntar: "Que prova tenho de que se trata de uma fantasia?

Carl Gustav Jung. (1875-1961)

E se não for? Caso meu amigo esteja realmente presente, não seria uma inconveniência de minha parte tomá-lo por uma figura imaginária?" Mas também não tinha qualquer prova para acreditar que ele estivesse realmente diante de mim. Então disse a mim mesmo: "Em lugar de considerar que se trata apenas de uma fantasia, posso, da mesma maneira, aceitá-lo como se fora uma aparição, pelo menos para ver o que disso resultaria". No mesmo momento em que tive esse pensamento, ele se dirigiu à porta e fez que eu entrasse no jogo. Isso certamente não estava previsto. Foi-me necessário fortalecer a argumentação. Então somente o segui em imaginação.

Ele me conduziu para fora da casa, ao jardim, à rua e finalmente à sua própria casa (Na realidade apenas algumas centenas de metros a separavam da minha). Entrei, introduziu-me em seguida em seu escritório e, subindo num tamborete, indicou-me o segundo volume de uma série de cinco, encadernados em vermelho; eles se encontravam muito alto na segunda prateleira. Então a visão se dissipou. Não conhecia a sua biblioteca e ignorava os livros que possuía. Por outro lado, não poderia de onde estava ler os títulos dos volumes que ele indicara, pois se encontravam na prateleira superior.

Esse fato me pareceu tão estranho que na manhã seguinte, fui à casa da viúva e pedi autorização para entrar na biblioteca do meu falecido amigo para uma verificação. Realmente, havia debaixo da prateleira vista na minha imaginação, um tamborete e, já de longe, percebi os cinco volumes encadernados em vermelho. Subi no tamborete para ler os títulos. Eram traduções dos romances de Zola. O título do segundo era: "O Legado de Uma Morta". Se o conteúdo me pareceu desprovido de interesse, o título era, por outro lado, muito significativo pela relação com o que se passava.

O SONHO DE UMA PACIENTE DE CARL GUSTAV JUNG

1- (Extraído de: JUNG, C.G. (1990). **Sincronicidade**. Petrópolis: Editora Vozes, p.16:

"Para exemplificar, citarei um caso extraído de minhas próprias observações: No momento crítico do tratamento, uma jovem paciente teve um sonho no qual recebia um escaravelho de ouro de presente. Enquanto ela contava o sonho, eu estava sentado de costas para a janela fechada. De repente escutei um ruído por trás de mim, como se alguma coisa batesse de leve na janela. Voltei-me e vi um inseto se debatendo do lado de fora contra a vidraça da janela e apanhei o inseto em pleno voo. Era a analogia mais próxima de um escaravelho de ouro que é possível encontrar em nossas latitudes, um escarabeideo da espécie Cetonia aurata, o "besouro-rosa comum". Contrariando seus próprios hábitos, ele se sentiu evidentemente a entrar numa sala escura naquele momento. Devo dizer, desde logo, que nada de semelhante jamais me acontecera até então, nem me aconteceu depois, e o sonho da minha paciente permaneceu como um caso único em toda a minha experiência."

A CANÇÃO YESTERDAY

De acordo com os biógrafos dos Beatles, toda a melodia da canção teria vindo a Paul McCartney em um sonho em maio de 1965. Paul estava em Wimpole Street (centro de Londres), na casa de sua então namorada Jane Asher, e teria corrido para o piano para tocar a música antes de esquecê-la. McCartney inicialmente batizou a melodia com o nome de "Scrambled eggs" (ou "Ovos Mexidos") e só posteriormente adicionou a letra com a qual veio a ser mundialmente conhecida.

A DESCOBERTA DA INSULINA

Dr. Federick Banting e os seus cães.

Na sua luta contra a diabete, o cirurgião canadense Frederick Banting descobriu a insulina após um sonho, no qual se via fazendo experiências com os pâncreas de cães vivos. Banting teria anotado a ideia geral do experimento e ao colocá-la em prática, descobriu que a insulina tinha o poder de reduzir os níveis de açúcar no sangue, fato este que lhe rendeu o Nobel de Medicina de 1923.

A ESTRUTURA DO DNA

Dr. James d. Watson.

Certa noite, o cientista norte-americano James Dewey Watson sonhou com duas cobras entrelaçadas com as cabeças viradas para lados opostos. Este sonho foi fundamental para que o cientista descobrisse a estrutura do DNA.

James D. Watson, um dos cientistas que apresentou o modelo da estrutura do código genético em 1953, juntamente com Francis Crick, teve a ideia do formato de dupla hélice depois de um sonho. Durante o episódio, Watson visualizou duas serpentes entrelaçadas e com as cabeças voltadas para lados opostos, embora existam boatos que afirmem que, na verdade, o cientista sonhou com uma escadaria dupla, e não com répteis.

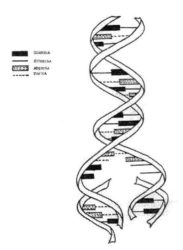

Desenho mostrando a estrutura do DNA.

1- (Extraído de TINOCO, Carlos Alberto (2016). **O Modelo Organizador Biológico - Um Ensaio sobre o Corpo Espiritual.** Limeira/SP: Editora do Conhecimento)

A TABELA PERIÓDICA DOS ELEMENTOS

Na noite de 17 de fevereiro de 1869 o cientista russo Dmitri Mendeleiev sonhou com uma tabela na qual os elementos químicos eram organizados pelos pesos atômicos, com suas propriedades se repetindo em intervalos regulares. Precisamos dizer que este sonho foi a base de toda a química moderna?

O cientista russo Dmitri Mendeleiev debatia-se com um problema: como colocar ordem na então recente ciência da química? Exausto, caiu adormecido sobre sua mesa de trabalho e teve um sonho que lhe anunciava a chave para montar a Tabela Periódica dos elementos. Um sonho que iria mudar fundamentalmente o modo como vemos o mundo.

Depois de três dias de intenso trabalho, o famoso criador da tabela periódica, Dmitry Mendeleiev, decidiu tirar um cochilo. E foi durante essa soneca que o químico russo teve um sonho revelador, sobre uma tabela fantástica na qual todos os elementos se encaixavam perfeitamente. Ao despertar, Mendeleiev anotou os detalhes do sonho em uma folha de papel, percebendo mais tarde que apenas um dos elementos químicos precisaria ser encaixado em um lugar diferente do que o que ele havia sonhado.

Dmitri Mendeleiev.

FRANKESTEIN

Mary Shelley.

Depois de sofrer uma espécie de bloqueio criativo, Mary Shelley a autora da celebrada obra literária "Frankenstein", acabou pegando no sono e tendo um terrível pesadelo. Shelley sonhou com uma terrível criatura que, graças à ação de uma poderosa máquina, começava e se contorcer e a mostrar sinais de vida.

Feliz por se livrar do bloqueio, a escritora decidiu que o espectro que a havia apavorado em seu pesadelo também poderia apavorar milhares de leitores. Bastava descrever a criatura e contar a sua história. E Mary Shelley — após uma noite insone, em que se viu atormentada por imagens terríveis — rabiscou sua história. "Uma história que pudesse falar aos misteriosos medos de nossa natureza e despertasse o arrepiante terror", disse ela.

A INVENÇÃO DA MÁQUINA DE COSTURA

Elias Howe nasceu em 9 de julho de 1819 e faleceu em 3 de outubro de 1867. Foi um inventor dos Estados Unidos. Operário numa fábrica de instrumentos de precisão, seu interesse pela mecânica levou-o a fazer experimentos aplicando seus conhecimentos até inventar uma máquina de costura, que depois alcançou um grande sucesso no mundo. Em setembro de 1846 lhe foi concedida

Elias Howe Jr.

a primeira patente de uma máquina de costura. Porém, a patente foi denunciada perante os tribunais na década de 1850, uma vez que o invento pertencia ao inglês Walter Hunt, que a tinha inventado anteriormente sem tê-la patenteado. Mas o que realmente fez Howe foi aperfeiçoar e remodelar a máquina de costura?

Em 1845, o inventor estadunidense Elias Howe Jr. teve um estranho pesadelo no qual estaria sendo atacado por selvagens canibais. O perspicaz Howe teria percebido que as lanças apontadas para ele no sonho tinham furos nas pontas e, de acordo com seus familiares, foi nesse momento que o inventor imaginou como as agulhas de sua máquina de costura poderiam vir a funcionar.

O SONHO DE JOSÉ DO EGITO

A Bíblia nos apresenta a narrativa no Gênesis, sobre um sonho premonitório de José do Egito:

1- (ver: ALMEIDA, João Ferreira (1960). **A Bíblia Sagrada – Antigo e Novo testamento**, p. 41-42: (Gênesis 41)

1. Passados dois anos completos, Faraó teve um sonho. Parecia-lhe achar-se ele de pé junto ao Nilo.

2. Do rio subiam sete vacas formosas à vista e gordas e pastavam no carriçal.

3. Após elas subiam do rio outras sete vacas, feias à vista e magras; e pararam junto às primeiras, na margem do rio.

4. As vacas feias à vista e magras comiam as sete formosas à vista e gordas. Então, acordou Faraó.

5. Tornando a dormir, sonhou outra vez. De uma só haste saíam sete espigas cheias e boas.

6. E após elas nasciam sete espigas mirradas, crestadas do vento oriental.

7. As espigas mirradas devoravam as sete espigas grandes e cheias. Então, acordou Faraó. Fora isto um sonho.

8. De manhã, achando-se ele de espírito perturbado, mandou chamar todos os magos do Egito e todos os seus sábios e lhes contou os sonhos; mas ninguém havia que lhos interpretasse.

[...]

14. Então, Faraó mandou chamar a José, e o fizeram sair à pressa da masmorra; ele se barbeou, mudou de roupa e foi apresentar-se a Faraó.

15. Este lhe disse: Tive um sonho, e não há quem o interprete. Ouvi dizer, porém, a teu respeito que, quando ouves um sonho, podes interpretá-lo.

16. Respondeu-lhe José: Não está isso em mim; mas Deus dará resposta favorável ao Faraó.

17. Então, contou Faraó a José: [o sonho foi narrado a José]

[...]

25. Então, lhe respondeu José: O sonho de Faraó é apenas um; Deus manifestou ao Faraó o que há de fazer.
26. As sete vacas boas serão sete anos; as sete espigas boas, também sete anos; o sonho é um só.
27. As sete vacas magras e feias, que subiam após as primeiras, serão sete anos, bem como as sete espigas mirradas e crestadas do vento oriental serão sete anos de fome.
28. Esta é a palavra, como acabo de dizer ao Faraó, que Deus manifestou ao Faraó que ele há de fazer.
29. Eis aí vêm sete anos de grande abundância por toda a terra do Egito.
30. Seguir-se-ão sete anos de fome, e toda aquela abundância será esquecida na terra do Egito, e a fome consumirá a terra;
31. E não será lembrada a abundância na terra, em vista da fome que seguirá, porque será gravíssima.

Ao ouvir José, o Faraó aproveitou os sete anos de fartura para abarrotar seus celeiros, preparando o seu povo para os sete anos de fome que seguiriam!

O ASSASSINATO DE JÚLIO CÉSAR

Em 44 a.C., os romanos que estavam localizados na Colônia de Cápua, ao escavarem certo local para a construção de casas, encontraram túmulos pré-históricos e dentre eles estava o de Capys, fundador de Cápua. No local acharam uma placa, que dizia: "Quando os túmulos de Cápua forem abertos, Júlio será assassinado pela mão de um dos seus; a sua morte, entretanto, logo será vingada com terríveis consequências". Talvez o adivinho Vestriciu Spurin tenha escutado algo sobre a frase gravada na placa de bronze. Passados dois meses, o referido adivinho preveniu Júlio César: "Tome cuidado com os idos de março" (o dia 15).

No dia 14 de março, o ditador dormiu preocupado com aquela revelação e sonhou. No sonho, era carregado para nuvens, sendo recebido por Júpiter. Então, portas e janelas se abriram bruscamente deixando a luz penetrar no quarto e então, Júlio César despertou. Ao seu lado, adormecida, sua esposa Calpúrnia chorava. Então, César a acordou. Sua esposa lhe disse que havia sonhado com o marido sendo apunhalado e das feridas, jorrava sangue.

Na manhã do dia 15 de março, Calpúrnia suplicou a César que não fosse ao Foro Romano, até que se tenham transcorridos os "idos de março". Orgulhoso de suas inúmeras conquistas, sempre cheio de coragem, hesitou! Seu amigo Decimus Brutus lembrou-o da grande multidão que o aguardava para ouvi-lo no Foro. Esse amigo era um traidor, fazendo parte de uma conspiração de aristocratas para assassiná-lo, alegando ser César, um ditador. Era um invejoso! A caminho do Foro, César encontrou-lhe e disse: "Veja, Spurino, os idos de março chegaram e nada me aconteceu". Ele retrucou: "Chegaram sim, César, mas ainda não passaram".

Transcorrida uma hora, seu filho protegido e adotivo Marcus Julius Brutus, a quem César fizera pretor e depois governador das Gálias, juntamente a outros assassinos, apunhalou Júlio César. No momento em que viu seu filho adotivo, César teria dito: "Até tu, Brutus, meu filho!".

Depois dessa tragédia, duas sangrentas guerras civis se instalaram no império e durante muitos anos, a nação foi tumultuada. Dois anos depois, Brutus perseguido e derrotado no oriente por Antônio e Otávio, suicidou-se na Macedônia.

O herdeiro do nome Júlio César, o primeiro imperados romano, foi Júlio César Augusto. Ele fundou o império romano, treze anos após o trágico assassinato de 15 de março. A premonição foi cumprida!

O primeiro livro do Ocidente, ou mais precisamente, da Grécia Antiga sobre interpretação dos sonhos foi escrito por Antífon, foi perdido e datava de V ou IV século a.C. Porém, ainda existe outro livro sobre interpretação dos sonhos na Grécia Antiga com o título de Oneirocritica, publicado no Brasil.

> 1- ARTEMIDORO (2009). **Sobre a interpretação dos sonhos (oneirocritica)**. Rio de Janeiro/RJ: Editora Zahar.

O SONHO DO FARAÓ TUTMÉS IV

O Faraó Tutmés IV teria reinado no Egito Antigo por volta de 1450 a.C. Um bloco de pedra erigido por ele em frente à grande Esfinge de Gizé, narra um sonho do Faraó, onde se pode ler:

Aconteceu que o príncipe Tutmés estava caminhando ao acaso, chegando à sombra de um grande deus, deitou-se ali por volta do meio dia, adormecendo em seguida. O sol estava no zênite. No sonho, o grande deus lhe apareceu, e dos seus lábios divinos saíram as seguintes palavras: "Eis-me aqui, filho meu Tutmés, sou teu pai Hornahu Khepra Ra Tum. O reino te será concedido, a terra te será entregue, em toda a sua largura e comprimento, longos anos de vida te serão dados.

Dar-te-ei o melhor de tudo. As areias da região onde existo recolheriam-me. Prometo-te que serão removidas. Em meu coração reconhecerei que tu és meu filho, meu auxílio".

O príncipe, depois, se tornou o Faraó Tutmés IV. Sob suas ordens, a areia que sob a qual estava soterrada a esfinge sagrada foi removida. Seu reino foi longo e próspero. Cumpriu-se a premonição.

1- (Dados baseados em: LESSA, Adelaide Petters (1978). **A Predição Parapsicológica Documentada.** São Paulo/SP: Editora Ibrasa, p. 95, amplamente modificado).

REI CRESO DA LÍDIA

O Pai da História, Heródoto, no seu livro *História – o relato clássico da guerra entre gregos e persas* (Editorial Prestígio, 2001), registra uma premonição sobre o Creso o Rei de Lídia. Ele enviou embaixadores a todos os oráculos famosos de sua época: Didimas, próximo a Mileto, Anfiarau e Teafrônio na Boécia, Abae e Delfos na Fócia; Zeus de Dodona no Epiro e finalmente Zeus Amon na Lídia.

Transcorridos 100 dias após a partida dos seus embaixadores, Creso estava oculto no seu palácio, cortando em pedaços uma tartaruga e uma ovelha, cozinhando-as em um caldeirão de bronze com tampa. Apenas o Sibila (adivinha) de Delfos obteve aprovação no teste, onde Creso desejava saber qual era o melhor oráculo do seu templo, uma vez que Creso planejava atacar a Pérsia governada por Ciro, uma verdadeira ameaça ao reino de Creso. Este, preparou um grande sacrifício ao deus Apolo, constante de 300 cabeças de gado, joias, roupas caras, móveis raros e taças de prata e ouro. Após fundido os metais, apareceram barras que foram enviadas ao templo de Apolo, em Delfos. Um leão de ouro em cima, uma estátua de mulher com um metro e sessenta centímetros de altura, quatro jarros de prata, tigelas de ouro e outros mais, um verdadeiro tesouro.

Heródoto disse que o recipiente de ouro pesava 250 quilos, com capacidade para 20 mil litros.

Essa oferenda tinha objetivos: obter respostas à quatro perguntas:

1º. Deverá atacar Pérsia?

A resposta do oráculo foi: Depois de cruzar o rio Halys na Ásia Menor (atual Turquia), Creso destruirá um grande império!

2º. Deve antes do ataque buscar um aliado?

A Sibila respondeu que Creso deveria procurar saber qual é a nação mais poderosa da Grécia, e procurar tê-la como aliada!

3º. Terei um longo reinado?

A advinha respondeu enigmaticamente: Quando o mula tornar-se o rei da Média, foge Lídia de pés macios, pelo Hemus de Calhoun e não tenha vergonha de ser covarde!

4º. Creso tinha um filho mudo de nascença e perguntou à adivinha: Pode o meu filho ser curado?

A Pítia respondeu: Filho de Lídia que governa os homens (Creso), príncipe dos imbecis, não desejas primeiro o que dizem os teus salões e a fala tão aguardada do teu filho. Seria melhor se estivesse diante de ti. Ele primeiramente vai falar, em dia fatídico.

Feliz com as respostas da advinha, Creso se aliou a Esparta, marchando contra a Pérsia. Ao cruzar o rio Halys, foi destroçado pelos persas! Creso, de fato, destruiu um grande império: o seu!

Os persas atacaram Sárdis, invadindo o palácio de Creso. Ali, o seu filho mudo, vendo um soldado inimigo atirar-se sobre o seu pai, falou: "Miserável, por que matas o meu pai?".

Creso foi o último rei da Lídia, governada entre 595 e 546 a.C. Com a derrota, foi condenado a ser queimado. Entretanto, Ciro perdoou.

EMMANUEL SWEDENBORG E A SUA PRÓPRIA MORTE

Emmanuel Swedenborg foi um extraordinário vidente sueco nascido em Estocolmo no dia 29 de janeiro de 1688. Faleceu em Londres em 29 de março de 1772, aos 84 anos de idade. Destacou-se como cientista, inventor, filósofo e grande místico. Publicou obras sobre Geologia, Biologia, Astronomia e Psicologia, fundando a primeira revista científica da Suécia.

Foi professor catedrático de Matemática na Universidade de Uppsala. Swedenborg era rico por herança materna, dominou quase todas as áreas do conhecimento disponíveis na sua época.

Aos 56 anos relatou ter sido convocado pelo "Senhor Supremo" para a tarefa de ser o porta-voz de uma revelação divina e como um novo intérprete da Bíblia. Em suas visões, lhe foram revelados os mistérios do céu e do inferno, sendo testemunha ocular do Juízo Final.

Emmanuel Swedenborg.

Seus escritos influenciaram Ralph Waldo Emerson, Balzac, Helen Keller, Carlyle, Baudelaire, o poeta britânico William Blake, o escritor argentino Jorge Luis Borges e várias outras pessoas.

Nos últimos 27 anos de sua vida, escreveu mais de 40 livros. Foi o primeiro a propor a hipótese nebular da origem do sistema solar, 50 anos antes de Immanuel Kant e Pierre-Simon de Laplace.

Estando em um jantar em Gotemburgo, disse aos presentes às 18 horas que estava acontecendo um grande incêndio em Estocolmo, distante 405 quilômetros de onde estava e que a casa de um amigo já havia sido consumida pelas chamas, ameaçando a sua própria residência. Transcorridas 48 horas, relatórios confirmaram a clarividência de Swedenborg.

John Wesley (1703-1791) era metodista e muito conhecia Swedenborg. Em fevereiro de 1771, recebeu uma carta de Swedenborg informando-o que o mundo espiritual, ciente dessa vontade, sugeriu tomar a inciativa de lhe escrever uma carta, convidando-o para um encontro.

61

Wesley leu a carta do vidente em presença de algumas pessoas e depois escreveu uma resposta a Swedenborg informando-lhe que teria grande satisfação em recebê-lo em Londres no prazo de seis meses, quando retornaria de uma viagem já planejada.

Swedenborg respondeu, informando-o de que o encontro foi marcado muito tarde, uma vez que ele, Emmanuel Swedenborg, iria falecer no dia 29 do mês seguinte "para não mais retornar".

Swedenborg faleceu logo depois, em 29 de março de 1772, cumprindo o que havia previsto.

Este autor possui em sua biblioteca particular os seguintes livros de Swedenborg:

> 1- SWEDENBORG, Emmanuel (1965). **A Sabedoria Angélica**. Rio de Janeiro/RJ: Livraria Freitas Bastos.
>
> 2- SWEDENBORG, Emmanuel (1963). **O Amor Conjugal**. Rio de Janeiro/RJ: Livraria Freitas Bastos.
>
> 3- SWEDENBORG, Emmanuel (1969). **Divina Providência**. Rio de Janeiro/RJ: Livraria Freitas Bastos.

NAUFRÁGIO DO TITANIC

Estados Unidos, 1898 – Inglaterra, 1912

Em 1898, o escritor norte-americano Morgan Robertson, que foi marinheiro aos 16 anos de idade e escreveu um livro intitulado "Futility" (Futilidade), com os seguintes dados:

> 1- Naufrágio de um navio enorme;

2- Nome do navio: Titan;

3- Característica principal: totalmente à prova de afundamento;

4- Dados numéricos:

- 3 hélices enormes;

- 268 metros de comprimento, o que equivale a 880 pés;

- Número de passageiros: 3.000.

5- Rota: Grã-Bretanha aos EEUU;

6- Data do naufrágio:

- Na viagem inaugural;

- Em uma noite do mês de abril;

- Próximo ao fim da viagem.

7- Local do naufrágio: Atlântico Norte;

8- Velocidade na ocasião do naufrágio: 23 nós;

9- Causa do acidente: colisão com um iceberg;

10- Mortos: centenas de passageiros por volta de barcos salva-vidas.

O que foi escrito no livro "Futility" aconteceu 14 anos depois. Vejamos as coincidências:

1- Naufrágio de um navio gigantesco;

2- Dados numéricos do navio:

- 244 metros de comprimento;

- 3 hélices;

- 2.500 passageiros.

3- Nome do navio: Titanic, da companhia White Star;

4- Característica principal: à prova de naufrágio:

- 25 barcos salva-vidas;

- 16 compartimentos ...

5- Data do naufrágio:

- Na viagem inaugural;

- Na noite de 14 para 15 de abril;

- O naufrágio ocorreu das 23 horas e 40 minutos à 1 hora e 20 minutos da madrugada;

- Quase no final da viagem.

6- Velocidade do Titanic na ocasião do naufrágio: 22,5 nós;

7- Causa do acidente: colisão com um iceberg;

8- Mortos: 2.207 passageiros. 1.502 se afogaram nadando nas águas frias do Atlântico Norte; 705 foram resgatados pelo vapor Carpathia.

Quando o Titanic desatracou do porto de Southampton para iniciar sua viagem, um dos redatores do Daily Echo escreveu o seguinte: "Nem mesmo Deus afundaria o Titanic!".

DONA DOLORES CÂMARA E O PRETO VELHO PAI JOAQUIM

No início de 1979, quando residi em Manaus estava atravessando dificuldades no meu casamento, o que terminou em divórcio.

Nessa ocasião um amigo, engenheiro do Departamento de Estradas de Rodagem do Amazonas – DER-Am, o cujo nome era Euler, fez uma ligação telefônica para a Dona Dolores Câmara. Ela era uma poderosa médium de Umbanda e fazia reuniões em sua própria casa. Dentre as entidades espirituais que "falavam" através dela, havia o espírito do "Preto Velho Pai Joaquim", muito meigo e amoroso.

Certa vez, esse Preto Velho me disse: "Meu filho, eu estou 'vendo' você ler um papel e depois todas as pessoas ficavam de pé e lhe batem palmas".

Alguns dias depois, qual não foi a minha surpresa, quando recebi um telefonema do professor Mário Amaral Machado, me convidando para fazer a Conferência de Abertura do I Congresso Nacional de Parapsicologia e Psicotrônica! O telefonema foi feito da cidade do Rio de Janeiro, por volta do início de 1980. Aceitei o convite, e muito lhe agradeci.

O Congresso foi no Hotel Glória, para onde foram convidadas várias pessoas, tanto conferencistas quanto participantes. Prontamente, redigi a minha conferência, cujo título era "O Apport e a Natureza do Espaço". No dia agendado, li a minha conferência e fui aplaudido de pé! Naquele momento, eu me lembrei do Preto Velho Pai Joaquim. Foi uma incrível premonição, feita com mais de uma semana de antecedência!

Eu e o Preto Velho conversamos muito sobre o seu sofrimento como escravo. Ele me disse que o pior pelo qual havia passado foi a fome. Um espírito iluminado que muito me ajudou.

WOLFGANG AMADEUS MOZART

Wolfgang Amadeus Mozart foi um compositor que viveu no século XVIII, notável pela sua intuição. Escrevia suas músicas em uma velocidade frenética. Ao concluir, estava com forte cansaço, abatido. Tudo se passava como se as suas músicas já estivessem prontas, antes que as escrevesse.

Wolfgang Amadeus Mozart.
(1756 – 1791)

Em carta endereçada ao Barão Von P., disse Mozart:

"O senhor diz que gostaria de conhecer minha maneira de compor e o método que sigo em obras de maior amplitude. Na verdade, só posso afirmar, sobre o assunto, o seguinte:

Quando sou, por assim dizer, completamente eu mesmo, e estou inteiramente só e bem-disposto – digamos, viajando numa carruagem ou caminhando depois de uma boa refeição, ou durante a noite, quando não posso dormir –, nessas ocasiões minhas ideias fluem melhor e mais profusas. De onde e como elas vêm, não sei; tampouco posso forçá-las. Guardo na memória as que me agradam, e estou acostumado, como me ensinam, a cantarolá-las para mim mesmo. Quando continuo assim, logo me ocorre a forma com que posso tirar partido deste ou daquele trecho, de modo a fazer dele uma boa composição, isto é, agradável às regras do contraponto, as peculiaridades dos vários instrumentos, etc.

Tudo isso me incendeia a alma e basta que eu não seja perturbado para que o meu tema se amplie, se melodize e defina, o todo, ainda que extenso, surge quase completo e acabado em minha mente, para que eu fosse contemplá-lo como um belo quadro ou uma formosa estátua, num relance. Não que eu ouça, na imaginação, as partes uma pós a outra, mas ouço-as, por assim dizer, todas ao mesmo tempo. (Gleitch Ellan Zuzammen). Não posso descrever-lhe a delícia que isto é! Toda essa criação, essa produção, ocorre num agradável sonho vivo. Mesmo assim, a audição real *tout eusemble*, e afinal de contas, é a melhor. Não esqueço facilmente o que foi assim produzido, e esse é, talvez, o melhor presente que devo agradecer ao meu Divino Criador!"

1- (Ver: INGLIS, Brian (1990). **O mistério da intuição** – com Ruth West e o Koestler Foundation. São Paulo, SP: Editora Cultrix, p. 8, modificado).

IGOR STRAVINSKY

Em sua autobiografia, Igor Stravinsky diz ter se lembrado de que surpreso, teve uma "visão completa" do seu famoso balé "A Sagração da Primavera". Ele disse ter visto com os olhos da mente "sábios anciãos sentados em forma de círculo, observarem uma jovem moça dançar até a morte" em um ritual. Ele reconheceu de imediato o seu balé. Posteriormente, a música surgiu na mente de Stravinsky quando se encontrava exausto e completamente exaltado. Ele escreveu: "Ouvi, e escrevi o que ouvi. Sou como um jarro por meio do qual vi o 'Le Sacre du Printemps' ('A Sagração da Primavera')".

Em Curitiba, na companhia de minha companheira Emília Angelloti, no Teatro Guaíra (Guairão), ouvimos e vimos o belo balé "A Sagração da Primavera"! Foi lindo!

WINSTON CHURCHILL

Winston Churchill foi o primeiro ministro britânico que combateu o nazismo, no início da Segunda Guerra Mundial.

Em 1943 ele disse: "Tenho às vezes uma sensação – na verdade a tenho muito vigorosa – uma sensação de interferência".

Quando jovem atribuiu essas "intervenções àquele poder superior que interfere na sequência de causas e efeitos mais amiúde do que podemos supor".

Em seu livro intitulado "*Os Meus Primeiros Anos*" citou um exemplo da maneira de como conseguiu escapar ileso do cativeiro durante a Guerra dos Boeres. Frustrado no seu intento de fazer colidir um trem cheio de mercadorias destinado a Moçambique, imaginou que seria melhor ir a um local no qual se via fogueiras à distância, supondo ser uma aldeia de cafres (referente às populações não muçulmanas da África Meridional). Ele ouviu dizer que estes odiavam os boeres. Seriam hostis?

Pensou Churchill: "Repentinamente, sem nenhuma razão, todas as minhas dúvidas foram extintas. Certamente, sem nenhum meio racional, essas dúvidas se dispersaram. Parecia claro que eu iria à aldeia dos cafres. No passado, eu segurava, em certas ocasiões, um lápis de prancheta usado em sessões espíritas (prancheta Ouija) e escrevia, enquanto outras pessoas tocavam meu pulso e a minha mão. Procedi hoje do mesmo modo inconsciente ou subconsciente".

Ao se aproximar das fogueiras, soube que se originavam de fornalhas oriundas de uma mina de carvão mineral.

Na biografia da esposa de Churchill, intitulada "*My Darling Clementine*", publicada em 1963, contou que durante um ataque aéreo alemão, Churchill se recusou a entrar em um carro blindado preparado para seu uso, pois o achou muito desconfortável e para substituí-lo, pediu que lhe trouxessem um carro do Estado Maior. Na eminência de entrar no referido carro: "Um estranho fato ocorreu. A porta do lado esquerdo foi absolutamente aberta. Ele sempre se sentava do lado esquerdo. Sem razão alguma, ele hesitou. Deu meia volta e abriu a porta do lado direito, ali se sentando.".

"Se estivesse do lado esquerdo, o carro teria capotado, causando-lhe a morte. Uma violenta explosão ergueu o lado direito. Apenas o peso extra do ministro Winston Churchill teria impedido a sua morte".

Embora Churchill nada houvesse dito à sua esposa, esta ficou sabendo desse fato, indagando-lhe: "Por que você se sentou do lado direito?".

O marido respondeu-lhe: "Não sei, não sei!". Depois, lhe disse: "É claro que sei. Alguma coisa me disse para me deter, antes que eu alcançasse a porta do carro, que estava aberta para que eu nela sentasse. Então, me pareceu que me mandavam abrir a porta do outro lado, entrar e ali me sentar".

O primeiro ministro Winston Churchill era dotado de forte intuição.

PETER ILYICH TCHAIKOVSKY

Uma das fontes de inspiração e de intuição pode ser encontradas nas cartas de Tchaikovsky endereçadas a Nadezhda von Meck, em 1878. Indagado se tinha alguma coisa na sua mente nos momentos em que estava escrevendo alguma sinfonia ou concerto teria dito: "Como posso interpretar esses sentimentos vagos e difusos que se passam na minha mente durante uma composição instrumental? É um processo inteiramente lírico e intuitivo. É como uma confissão musical da minha alma, do mesmo modo que o poeta lírico produz seus lindos versos".

Peter Ilyich Tchaikovsky.

Sobre a fonte das suas músicas, disse Tchaikovsky:

"Tudo vem repentinamente sem ser esperado. Se o solo fértil estiver preparado, é como lançar raízes com rapidez imprevista. Tudo surge celeremente, irrigando a terra e irradiando-se pelas raízes, folhas e galhos, florescendo ao final. Não consigo descrever o meu processo criativo por nenhum modo lógico. Tudo me vem por si mesmo. É inútil tentar dizer com palavras todo o sentido enorme de bem-aventurança que me inunda a alma, quando estou em processo criativo. Não consigo esboçar como surgem os temas musicais. É como se estivesse louco! Na minha alma tudo se põe a pulsar. Mal um tema aparece, logo se segue outro, como se fosse um processo sonambúlico.

É necessário seguir meus estímulos interiores. Se a vida material não interfere na vida da alma, meu trabalho segue seu curso com incrível rapidez. Depois, tudo é esquecido. O tempo passa sem ser notado.

Às vezes, observo a atividade ininterrupta que prossegue o seu curso produzindo música. De onde ela vem? Mistério profundo e insondável!"

1- (O texto acima foi extraído de INGLIS, Brian (1990). **O Mistério da Intuição**. São Paulo/SP: Editora Cultrix, p.83, modificado).

NIKOLA TESLA

Nikola Tesla nasceu na Hungria, tendo emigrado para os Estados Unidos da América em 1884, quando passou a trabalhar para o inventor Thomas Alva Edson. Tesla tornou-se o mais profundo inventor de sua época. Na sua infância "via cenas indistintas, mas que ganhavam formas e contornos nítidos e assumiam objetos reais". Com 17 anos de idade, descobriu que poderia usar suas "visões" para produzir inventos.

Ao se tornar proprietário da sua própria oficina, iniciou experimentos com turbinas, verificando ser "absolutamente imaterial, tudo aparece na minha mente".

Continua Tesla:

> "Durante algum tempo, dediquei-me completamente ao deleite de imaginar e "criar" máquinas, inventando novas formas. Era um estado de felicidade intensa. As ideias me vinham em fluxo contínuo, sentindo dificuldade de controlá-lo. As pontes dos equipamentos que eu "via" eram absolutamente reais e palpáveis em todos os seus detalhes, incluindo-se aquelas muito pequenas. Eu "via" e imaginava motores em funcionamento detalhadamente. Em menos de dois meses, criei todos os tipos de motores e as suas necessárias modificações, tudo "visto" por mim!"

Tesla tinha uma intuição incrível!

Em português, há uma biografia de Nikola Tesla.

1- CHILDRESS, David H.; TESLA, Nikola (2004). **As fantásticas invenções de Nikola Tesla.** São Paulo, SP: Madras Editora.

CAPÍTULO 4

PROFETISMO

"Meu amigo! Alma tem o dom de profetizar"
(Sócrates)

1- (PLATÃO (1962). **Diálogos - Fedro**. Porto Alegre: Editora Globo, p. 212)

INTRODUÇÃO AO PROFETISMO

Os Profetas são seres humanos especiais que vivem em todos os tempos e lugares da nossa Terra. São pessoas dotadas da capacidade de antecipar o futuro mediante "visões", "audições", "sonhos" ou "pressentimentos". A Bíblia está repleta de fatos proféticos e de Profetas de todos os tipos. Mas em virtude da secularização da sociedade pós moderna, os Profetas estão em pleno declínio. Não vemos hoje, a presença de um grande Profeta atuando como os seus antecessores. O interesse pelo Divino está desaparecendo. O sagrado é algo que se perde nas brumas do esquecimento, no cipoal da nossa ignorância espiritual.

No entanto, no nosso Brasil as coisas são um pouco diferentes. O Brasil é o país do transe, dos médiuns, dos espíritos. É grande a quantidade de Centros Espíritas, de Umbanda e de Candomblé. Há locais no Brasil onde se reúnem algumas centenas de pessoas para beberem o chá da Ayahuasca, tanto na "União do Vegetal", no "Santo Dai-me" quanto na "Barquinha" (Outra seita onde se bebe a Ayahuasca). São incontáveis as pessoas que plantam nos quintais das suas próprias casas, as plantas *Psicótria Viridis* e o *Banisteriopsi Caapi*, componentes principais que integram o chá da Ayahuasca. O *Banisteriopsi Caapi* é um cipó que parasita árvores maiores. A *Psicótria Viridis* é uma rubiácea, um arbusto da mesma família do café. O cipó é conhecido por "marirí" e o arbusto por "chacrona". Dizem os usuários que o cipó dá a "força" e a chacrona dá a "luz". Todas ou quase todas as expressões religiosas florescem no Brasil, por mais exóticas que sejam.

O transe da Ayahuasca é chamado por "Borracheira" pelos seus

Pintura a óleo feita pelo autor, sobre uma Borracheira por ele vivenciada em Manaus, no final da década de 1980.

adeptos. Na União do Vegetal, meia hora após o início da sessão, um dos mestres costuma perguntar, individualmente: "Irmão, como está a Borracheira?". Em outras palavras: "Como está o seu transe?"

O escritor britânico Guy Lyon Playfair, na Introdução do seu livro (PLAYFAIR, Guy Lyon (1975). **The Flying Cow**. London: Souvenir Press, p.9), escreveu:

"Você tem visto uma vaca voando à sua frente? Provavelmente não; mas vamos supor que você tenha visto uma enquanto está dirigindo o seu carro em direção à sua casa, em certa tarde, quando aparece uma vaca voando. Era uma perfeita e comum vaca, dotada de grandes asas, movendo-as suavemente e compassadamente sobre a estrada à sua frente Ao chegar em casa, você bebe uma dose extra de martini e descreve o fato de ter visto a vaca voadora, durante a sopa do jantar. Sua esposa sugere que você tire umas longas férias. Mas, se você fosse brasileiro, haveria uma reação inteiramente diferente. Sua esposa, ao ouvir seu relato sobre a vaca voadora, ela simplesmente lhe diria: "Ah, é? Qual era a cor da vaca?"

Segundo Playfair, o Brasil é o país no qual ocorrem muitos fenômenos psíquicos de todos os tipos, sendo por ele considerado "o país mais psíquico do mundo".

No último capítulo deste livro, voltaremos a abordar outra vez sobre a Ayahuasca.

Vejamos a seguir alguns Profetas, dentre muitos outros:

MICHEL DE NOSTREDAMUS (NOSTRADAMUS)

Pintura de Michel de Nostradamus.

A vida de Nostradamus abrangeu três imperadores franceses (Henrique II; Francisco II e Carlos IX). Ele era muito respeitado nas cortes europeias, sendo pessoa de muita confiança da imperatriz Catarina de Médicis. Nostradamus, como passou a ser conhecido, concluiu o curso de medicina, mas dedicou-se inteiramente à astrologia, alquimia, literatura e à teologia. Em virtude das suas múltiplas habilidades, passou a ser considerado como uma pessoa muito erudita.

Nostradamus nasceu na França na pequena cidade de Saint-Rémy, localizada na região de Provença. Nasceu ao meio dia de 14 de dezembro de 1503, quando era uma quinta feira. Na sua juventude, ele aprendeu latim, grego, matemática, hebraico e astrologia com o seu avô materno. Por volta dos seus 22 anos, deu início à sua profissão de médico, quando lhe apareceram alguns percalços. Decidiu residir em Narbonne, Toulouse e depois em Bordeaux. Nessa ocasião, boa parte da Europa estava enfrentando uma epidemia de peste. Naquela época, não se tinha noção da existência dos germes patogênicos e por isso, as epidemias seguiam seu curso devastador.

Nostradamus casou-se na cidade de Agen, sendo pai de dois filhos. Em virtude da peste, perdeu a sua família, ficando só. Depois, passou a viajar pela Europa, retornando à cidade de Saint- Rémy, para um prolongado repouso.

Nostradamus viveu em uma época de acontecimentos importantes. A descoberta do Brasil (1500) e da América por Cristóvão Colombo e outros. Foi por essa época que Nostradamus escreveu as suas famosas "Centúrias", livro escrito em linguagem enigmática e de complexa interpretação. Nostradamus faleceu em 1566, e seus restos mortais se encontram na Igreja de Cordeliers. Algumas pessoas interpretaram as Centúrias, dizendo que Nostradamus teria profetizado os seguintes fatos, dentre vários outros:

A Revolução Francesa;

A ascensão de Adolf Hitler;

A ditadura de Muanmar Khaddafi;

A ascensão e a queda de Sadam Husein;

O terrorismo de Osama Bin Laden;

A morte do Rei Henrique II (1519 - 1559), de acordo com o seguinte verso das Centúrias (https://www.terra.com.br/vida-e-estilo/horoscopo/profecias-nostradamus/):

> "O jovem leão vencerá o velho, num torneio de liças. Ele lhe perfurará o olho através da sua armadura dourada. Em um dos dois combates. E terá morte cruel."

Um ano depois da publicação desse texto acima, na festa de casamento da irmã do Rei, travou-se um combate amistoso entre os cavaleiros. O Rei desafiou o jovem Gabriel da sua guarda pessoal. No segundo assalto, a lança do desafiado levantou a viseira da armadura do Rei, penetrou seu olho, atingindo o cérebro. O Rei agonizou durante dez dias e depois morreu.

Há outros versos das Centúrias de complexa interpretação. Citá-los, está fora do escopo deste livro.

1- PIOBB, Pierre V. (1973). **O Segredo das Centúrias de Nostradamus.** São Paulo/SP: Editora Três.

2- BASCHERA, Renzo (Autor do Texto) (1985) **Os Grandes Profetas.** São Paulo/SP: Editora Nova Cultural Ltda;

3- MASIE, Curtis (1987). **As Centúrias de Nostradamus.** Rio de Janeiro/RJ: Ediouro.

CAPÍTULO 5

ORÁCULOS

"As maiores bênçãos chegam por meio da loucura, na verdade, da loucura que é dom Divino"

(Sócrates)

1- (In: BROAD, William J. (2007). O Oráculo - **O Segredo da Antiga Delfos**. Rio de Janeiro/RJ: Editora Nova Fronteira S.A.)

OS SACERDOTES DE IFÁ

Os Sacerdotes de Ifá possuem um oráculo que pode ser constituído por placas de Opele que formam uma espécie de colar, como é mostrado na figura a seguir. Também é chamado de Opele – Ifá ou ainda de "rosário de Ifá". É um colar aberto que pode ser formado por um fio trançado de "palha da costa" ou fio de algodão, pendentes.

O oráculo de Ifá funciona do seguinte modo:

O consulente formula uma pergunta ao sacerdote chamado Babalaô, iniciado espiritualmente e consagrado ao Orixá Orunmilá, cuja função principal é a de desvendar os segredos dos Orixás e de prescrever as oferendas apropriadas.

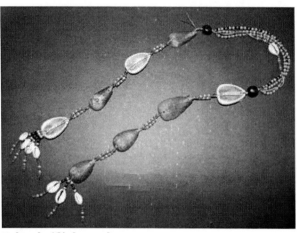

Colar de ifá de opele.

A pergunta pode ser verbal ou mental. O Babalaô se concentra e joga o colar, sobre areia fina espalhada no chão ou sobre uma peneira feita de palha grande, barro cozido ou de pedra mole, como é mostrado na figura abaixo.

Oráculo de Ifá formado por frutos do dendê. (Opon- Ifá)

Dependendo do modo como o colar venha a cair, o Babalaô tem a resposta à indagação do consulente.

Esse oráculo se originou na África Ocidental entre as tribos iorubás da Nigéria. Também é chamado de Fá entre os Fons e Afa entre os Ewés. O oráculo de Ifá também pode ser formado por um grupo de cocos da árvore do Dendê ou Búzios, ou réplicas destes.

O Babalaô senta-se em uma esteira de palha ou tapete. Pode também espalhar uma fina camada de Iyerosun ou Yerosun, que é um pó amarelado oriundo da ação de cupins. Ele é espalhado sobre o Opon Ifá, onde o Babalaô faz a marcação dos Odús.

Os Odús são os signos de Ifá, temos 16 deles no total. Eles são predestinações as quais estamos vulneráveis, influenciam diretamente em nossas características. Ou seja, o próprio Orixá está dentro dos caminhos predestinados pelos Odús.

No jogo de Ifá, há todo um ritual de extração e preparo especial prévio. O Babalaô retira esse pó da sua sacola onde está guardado e o coloca sobre a esteira sobre a qual está sentado.

Pó de Yerosun.

O Babalaô invoca certas entidades espirituais, falando em iorubá. Após a invocação das divindades e de prestar as devidas homenagens aos ancestrais, o Babalaô pega os 16 Ikins com as duas mãos e bate uma contra a outra por um número determinado de vezes. Esse processo é repetido oito vezes. Ikins são coquinhos de um tipo especial de palmeira de dendê que ao invés de apenas dois "olhos" como nas palmeiras comuns, apresentam três ou mais deles.

De acordo com o modo segundo o qual o colar cai, há três respostas positivas e duas negativas, e cada uma delas possui significados diferentes. As cinco formas possíveis do oráculo do jogo do Obi são as seguintes:

1- Alafiá – Sim

2- Etawá – Sim

3- Efijé – Sim

4- Okanan – Não

5- Oyeku – Não

Desse modo, um tanto confuso para os não iniciados, o consulente tem a sua resposta.

Depois do jogo, o consulente deve cumprir certos rituais de agradecimento.

1- MORAIS, Jorge (1993). **OBÍ – Oráculos e Oferendas**. Recife: Organizações pelo Desenvolvimento da Comunidade Negra.

JOGO DE BÚZIUS

O Jogo de Búzios ou (ou Búziomancia) é um oráculo usado pelas religiões tradicionais africanas, encontradas em muitos países das Américas. Existem muitos métodos de jogo, o mais comum consiste no arremesso de um conjunto de 8 ou 16 búzios sobre uma mesa previamente preparada ou sobre uma peneira grande feita de palha trançada. A análise da configuração que os búzios assumem ao cair é feita pelo Babalaô ou pela "Mãe de Santo". O adivinho durante o jogo, ora e saúda todos os Orixás e durante os arremessos, conversa com as divindades e faz-lhes perguntas. Considera-se que as divindades afetam o modo como os búzios se espalham pela mesa, dando assim as respostas às dúvidas que lhes são colocadas.

Búzios são moluscos gastrópodes marinhos (conchas de praia) de vários tamanhos, em forma de fuso. Os búzios têm uma fenda natural, a boca, e uma parte fechada ovalada, as costas. A maioria dos adornos e jogos de búzios são feitos com os búzios abertos, isto, após a retirada de sua parte fechada ovalada, as costas.

Alguns Babalaôs leem os búzios pelo lado da fenda natural, e outros pela parte que se abre manualmente, o que gerou a expressão "búzio aberto". Existe muita discussão sobre o que é mais correto, usar o búzio aberto ou búzio fechado. Seja qual for o método, se pela fenda natural, ou pelo lado que se abriu manualmente, o lado considerado "aberto" será sempre positivo, e o lado considerado "fechado", será sempre negativo.

Na África os búzios já foram usados como moeda de troca, constituindo valor corrente. Atualmente são utilizados, não apenas na África mas também no Brasil e outros países com presença de religiões de origem africanas. Além dos búzio, o Babalaô ou a Mãe de Santo usam colares feitos de fio-de-contas imitando as escamas de uma cobra. Em algumas ocasiões,

Na figura acima, búzios de jogar.

83

pode ser visto o uso de roupas apropriadas, de preferência de cor branca.

Os rituais de iniciação dos Babalaôs (Filhos de Santos) ou das Mães de Santo, podem durar até sete anos.

A quantidade de búzios pode variar de acordo com a nação, o mais comum é composto de 16 ou 17 búzios, mas o jogo com 21 búzios também é muito comum. Na tradição do Batuque proveniente do Rio Grande do Sul o mais usual é a utilização de 8 búzios.

ORÁCULO EGÍPCIO OU O LIVRO DO DESTINO

O Livro do Destino é um Antigo Oráculo Egípcio encontrado em um túmulo real, conservado e utilizado por Napoleão Bonaparte. É uma forma direta e absorvente de prever o futuro. De uma lista de perguntas, é escolhida a que mais se assemelha à que se deseja ver respondida. Depois, subconscientemente e por um simples processo é encontrada a resposta dada por um dos 32 símbolos.

Nenhuma instituição do mundo foi mais famosa que os antigos Oráculos do Egito, Gré-

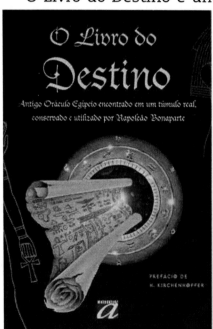

"O Livro do Destino" foi traduzido em 1813 por H. Kirchenhoffer.

cia e Roma. Como as pessoas acreditavam que os seus ditames eram a vontade dos deuses que eles reverenciavam, consultavam-nos não apenas com relação aos negócios de alta importância, mas também a respeito dos assuntos mais comuns da vida privada. Fazer a paz ou a guerra, introduzir mudanças no governo, estabelecer uma colônia, propor uma lei, construir um edifício ou casar-se.

O Livro do Destino deve ser consultado no máximo uma vez ao dia. E um intervalo mínimo de trinta dias é indicado antes de se repetir a consulta para uma mesma pergunta.

O I CHING

Este autor foi iniciado no jogo do I Ching através do Professor Edison Farias, em Manaus, no ano de 1991. Trata-se de um livro oracular chinês, composto de várias camadas sobrepostas ao longo do tempo. É um dos mais antigos textos chineses que chegaram até nossos dias. "Ching" significando "clássico", foi o nome dado por Confúcio à sua edição dos antigos livros. Antes, era chamado apenas de I: o ideograma "I" é traduzido de muitas formas e, no século XX, ficou conhecido no Ocidente como "mudança" ou "mutação".

Capa do oráculo chinês "I Ching".

O "I Ching" pode ser compreendido e estudado tanto como um oráculo quanto como um livro de sabedoria. Na própria China, é alvo de estudo diferenciado realizado por religiosos, eruditos e praticantes da filosofia de vida taoísta. O "I Ching" é simultaneamente um dos sistemas divinatórios e de significação mais complexos e elaborada que alguma vez existiram. A complexidade semiótica do sistema é em tudo superior a de sistemas como as runas nórdicas ou o tarot. Ao que parece, o "I Ching" é amplamente usado pelos seguidores da escola budista do "Dragon Temple".

Tal como os demais sistemas divinatórios, o "I Ching" pode ser utilizado como ferramenta para definir conteúdos de qualquer estrutura semiótica, seja à luz da psicanálise da alquimia psíquica, por exemplo, quanto a análise literária, a composição musical, o cinema e toda uma gama de outras práticas transdisciplinares.

O I Ching é jogado com 50 varetas de folhas de milefólio ou de bambu, como é mostrado na figura abaixo. Também pode ser jogado com moedas de pequeno valor. Entretanto, este autor pensa que o jogo com moedas "força" o oráculo a "falar". Apesar de muito complexo, é preferível jogar com as varetas, como já fiz muitas vezes com excelentes resultados.

Segundo o médico psiquiatra Carl Gustav Jung, o I Ching é capaz de gerar respostas significativas, como atestou este autor, por várias vezes. O problema é como isso acontece. Muitos estudiosos apresentam como resposta a "Sincronicidade". Porém, os chineses nunca tiveram dúvidas: "A precisão do I Ching era atribuída a interferências do mundo espiritual". "Em outras palavras, o Ritual das Hastes de Milefólio é um ato de evocação de espíritos."

1- (BRENNAN, J.H. (2016). **Vozes do Mundo Espiritual**. São Paulo/SP. Editora Pensamento, p. 114 e 116).

Sincronicidade é um conceito desenvolvido por Carl Gustav Jung para definir acontecimentos que se relacionam, não por relação causal e sim, por relação de significado. Desta forma, é necessário que consideremos que existam os eventos sincronísticos não relacionados com o princípio da causalidade, mas por terem um significado igual ou semelhante. A sincronicidade é também referida por Jung de "coincidência significativa".

Por exemplo, alguém compra um bilhete de entrada em um teatro de número 86. Ao chegar no seu interior, senta-se na cadeira 86. Ao sair, pega um taxi de número de registro 86. No taxi, decide jantar e vai a um restaurante cujo número é 86. Solicita ao garçom, uma comida cujo número é 86! Isto é a Sincronicidade!

O termo foi utilizado pela primeira vez em publicações científicas em 1929. Porém, Jung demorou ainda mais 21 anos para concluir a obra "Sincronicidade: um princípio de conexões acausais", onde o expõe e propõe o início da discussão sobre o assunto. Sendo uma de suas últimas obras foi, segundo o próprio Jung a de elaboração mais demorada devido à complexidade do tema e da impossibilidade de reprodução dos eventos em ambiente controlado.

Em termos simples, sincronicidade é a experiência de ocorrerem dois ou mais eventos que coincidem de uma maneira que seja significativa para as pessoas que vivenciaram essa "coincidência significativa", onde esse significado sugere um padrão subjacente, uma sincronia. A sincronicidade difere da coincidência, pois não implica somente na aleatoriedade das circunstâncias, mas sim num padrão subjacente ou dinâmico que é expresso através de eventos ou relações significativos. Foi este princípio que Jung percebeu abrangido por seus conceitos de Arquétipo e Inconsciente coletivo, justamente o que uniu o médico psiquiatra Jung ao físico Wolfgang Pau-

Planta do milefólio.

li, dando início às pesquisas interdisciplinares em Física e Psicologia. Ocorre que a sincronicidade se manifesta às vezes fora do tempo, ou seja, atemporalmente em eventos energéticos acausais, e em ambos os casos são violados princípios associados ao paradigma científico vigente.

O milefólio, milenrama, erva-dos-carpinteiros, feiteirinha ou mil-folhas (*Achillea millefolium*) é uma espécie botânica pertencente à família Asteraceae.

O I Ching é um texto muito antigo que surgiu antes da dinastia Chou (1150-1249 a.C.) e era um conjunto de oito *Kua*, figuras formadas por três e seis linhas sobrepostas. James Legge, na tradução para o inglês (1882), chamou de trigrama o conjunto de três linhas e hexagrama o de seis, para distingui-los entre si.

Este autor jogava o I Ching em sua casa em Manaus, com as 50 varetas extraídas do corte do talo do Bambu.
(foto do autor - 2020)

A origem dos 64 hexagramas é atribuída a Fu Hsi, o criador mítico chinês e até a dinastia Chou, eles formavam o I. Os oito trigramas recebem o nome de Pa Kua ou Ba Gua (pynin): a sua origem é pré-literária.

O tempo obscureceu a compreensão das linhas e no começo da dinastia Chou, surgiram dois anexos: o Julgamento, atribuído pela tradição ao rei Wên, e as Linhas, atribuídas a seu filho, o duque de Chou, ambos fundadores desta dinastia.

Mais tarde, mesmo o significado destes textos começou a ficar obscuro e no século VI a.C., foram acrescentadas as Dez Asas, que a tradição atribui a Confúcio, embora seja claro que a maioria delas não pode ser de sua autoria. O nome "I Ching" é dado ao conjunto dos Kua e todos os textos posteriores.

O I Ching escapou da grande queima de livros feita pelo tirano Ch'in Shih Huang Ti, no tempo em que era considerado um livro de magia e adivinhação, o que levou a escola de magos das dinastias Ch'in e Han a interpretá-lo segundo outras visões. A doutrina do Yin Yang foi sobreposta ao texto. O sábio Wang Pi veio a resgatá-lo como livro de sabedoria.

Houve várias traduções do "I Ching" para línguas ocidentais, algumas claramente desrespeitosas, tratando a cultura chinesa como primitiva. A tradução de Legge fez parte da série "Sacred Books of the East" (Livros sagrados do Oriente) e foi traduzida também para o português.

Richard Wilhelm traduziu o I Ching para o alemão ao longo

Richard Wilheim.

89

dos anos em que viveu na China, principalmente durante a invasão japonesa, quando a cidade em que estava foi cercada. Teve o apoio de um velho e sábio mestre, Lao Nai Suan, que morreu ao ser concluída a tradução. A edição alemã é do ano de 1923. Wilhelm traduziu também outro clássico chinês, o Tao Te Ching.

Em seu aspecto desenvolvido o I Ching é um livro amplo e complexo que, de certo modo impressiona vivamente a mente ocidental. O significado de cada linha varia, de acordo com a sua posição no hexagrama, onde qualquer linha modifica o significado do todo. O Oráculo apresenta uma gama enorme de respostas possíveis. Antigamente as linhas eram geradas aquecendo-se um casco de tartaruga até este rachar. Se a rachadura fosse de uma única linha sem divisão, era considerada *yang*, se dividida, era considerada *yin*.

Representação Taoísta do Yin – Yang.

"*Yin e Yang*" são conceitos do taoísmo que expõem a dualidade de tudo que existe no universo. Descrevem as duas forças fundamentais opostas e complementares que se encontram em todas as coisas: o *yin* é o princípio da noite, Lua, a passividade, absorção. O *yang* é o princípio do Sol, dia, a luz e atividade.

Segundo essa concepção cada ser, objeto ou pensamento possui um complemento do qual depende para a sua existência. Esse complemento existe dentro de si.

Assim, se deduz que nada existe no estado puro: nem na atividade absoluta, nem na passividade absoluta, mas sim, em transformação contínua. Além disso, qualquer ideia pode ser vista como seu oposto quando visualizada a partir de outro ponto de vista. Neste sentido, a categorização seria apenas por conveniência. Estas duas forças, *yin* e *yang*, seriam a fase seguinte do "tao", princípio gerador de todas as coisas, de onde surgem e para onde se destinam.

Richard Wilhelm nasceu em 10 de Maio de 1873 na cidade de Tübingen e faleceu em 2 de Março de 1930 em Stuttgart, na Alemanha. Foi um sinólogo, teólogo e missionário alemão. Ele é lembrado principalmente por suas traduções de trabalhos filosóficos do chinês para o alemão que, por sua vez, foram traduzidas para outras línguas, incluindo o inglês e o português. Sua tradução do I Ching ainda é considerada uma das melhores, assim como sua tradução de "O Segredo da Flor de Ouro"; ambas foram publicadas com introduções do psicólogo suíço Carl Jung, amigo pessoal de Wilhelm.

A ILÍADA

A Ilíada é um dos dois principais poemas épicos da Grécia Antiga, de autoria atribuída ao poeta Homero que narra os acontecimentos decorridos no período de 51 dias durante o décimo e último ano da Guerra de Troia, conflito empreendido para a conquista de Ílio ou Troia, cuja gênese radica na ira da Aquiles.

A Ilíada é atribuída a Homero que se julga ter vivido por volta do século VIII a.C., na Jônia (atualmente região da Turquia), e constitui o mais antigo e extenso docu-

Detalhe das Muralhas de Troia.

Na foto acima, reprodução do Cavalo de Troia. (foto do autor – 2013)

mento literário grego e ocidental existente. Ainda hoje contudo, se discute a verdadeira autoria e a existência real de Homero que teria nascido ou em Quios, Grécia ou em Esmirna, Turquia.

Heinrich Schliemann (Neubukow, Mecklemburgo-Schwerin, 6 de janeiro de 1822 — Nápoles, 26 de dezembro de 1890) foi um arqueólogo clássico alemão, um defensor da realidade histórica dos topônimos mencionados nas obras de Homero e um importante descobridor de sítios arqueológicos micênicos, como Troia e a própria Micenas. Nos anos 1870, Schliemann viajou pela Anatólia e escavou o sítio arqueológico do Hisarlik, revelando várias cidades construídas em sucessão uma a outra. Uma das cidades descobertas por Schliemann, nomeada Troia VII, é frequentemente identificada com a Troia Homérica.

Heinrich Schliemann, descobridor de Troia.

Em 14 de junho de 1873, sob o sol escaldante do verão mediterrâneo, Heinrich Schliemann já contabilizava 8.700 objetos retirados daquelas escavações, além de outros 16 mil objetos destruídos, necessitando identificação. Neste dia, emocionado, o arqueólogo diria: "Finalmente encontramos o local da Guerra de Troia."

Até a segunda metade do século 18, a cidade de Troia não passava de uma lenda supostamente criada por Homero e relatada num poema com base na tradição oral.

93

Schliemann era um sonhador que se apaixonara pela narrativa de Troia durante a infância. Encontrá-la passou a ser sua grande obsessão, ainda que tentassem demovê-lo da ideia de procurar o presumível lar de Príamo.

Um novo objetivo nasce na imaginação de Schliemann: achar os restos da cidade de Micenas, o rico reino de Pelópidas. Como sempre, foi buscar orientação nas obras clássicas de Ésquilo, Sófocles e Eurípedes e nos relatos de viagens de Pausânias. Outros haviam tentado em vão o mesmo caminho, fracasso atribuído por Schliemann a traduções incorretas dos textos clássicos.

Aos 46 anos, já homem de muitas posses e realizado profissionalmente, resolve abandonar tudo e dedicar-se integralmente à realização de seu sonho de infância. Em 1868 parte, para Ítaca, a ilha onde nascera Ulisses, o herói mitológico da Odisseia de Homero.

De acordo com a mitologia grega, os troianos eram os antigos cidadãos de Troia na Anatólia na atual Turquia. Troia era conhecida por seus vultosos recursos decorrentes do comércio da região, produção de ferro e guardada por grossas muralhas.

A Ilíada é constituída por 15.693 versos em hexâmetro datílico, a forma tradicional da poesia épica grega. Foi composta por uma mistura de dialetos, resultando numa língua literária artificial, nunca de fato falada na Grécia. Com origem na tradição oral da época micênica ou seja, teria sido cantada pelos bardos aedos, e só muito mais tar-

Aquiles cura Pátroclo (Detalhe de vaso em técnica de cerâmica vermelha 500 a.C.

de os versos foram compilados numa versão escrita, no século VI a.C. em Atenas. O poema foi então posteriormente dividido em 24 cantos, divisão que persiste até hoje. Cada canto corresponde a uma letra do alfabeto grego – divisão atribuída aos estudiosos da biblioteca de Alexandria.

Considerada como a "obra fundadora" da literatura ocidental é uma das mais importantes da literatura mundial! Tornou-se, juntamente com a Odisseia, atribuída ao mesmo autor, um modelo da poesia épica seguido pelos autores clássicos como Virgílio, no poema Eneida, dentre outros. Também influenciou fortemente a cultura clássica de maneira geral, abrangendo campos não só da literatura, como a poesia lírica e a tragédia, a filosofia, etc., sendo amplamente estudada na Grécia Antiga como parte da educação básica e, posteriormente, no Império Romano.

Quando Agamenon tira a amante de Aquiles, é um deus que o agarra pelos cabelos loiros e o adverte para não atacar Agamenon. É um deus que emerge do mar cinzento e o consola em seu choro de fúria na orla do mar, ao lado dos seus navios negros, um deus que murmura para Helena de Troia e enche seu coração de anseios e de saudades de casa. Um deus que esconde Páris em uma névoa diante de Menelau, que o agride com violência, esse deus que fala com Glauco para o fazer pensar que o cobre era ouro. Ele lidera os exércitos na batalha. Ele fala com cada um dos soldados nos instantes decisivos, discutindo com Heitor. É um deus que convence Aquiles a não combater.

O início da batalha está na ação e na fala dos deuses. Quan-

Estátua de Homero.

do Aquiles fala a Agamenom que ele o privou da sua adorada amante (Helena), o rei dos homens diz: "Não fui eu a causa desse ato e sim, Zeus".

Cassandra era a filha de Príamus, rei da cidade de Troia. Sendo ela muito bonita, despertou a paixão do deus Apolo, que a fim de cortejá-la, deu-lhe o dom da profecia. Entretanto, Cassandra recusou o amor de Apolo, o que causou a ira desse deus. Por vingança, ele a amaldiçoou. Ela seria capaz de prever o futuro, entretanto, ninguém acreditaria nela.

Dois exemplos de premonição de Cassandra:

– A profetisa Cassandra previu o sequestro de Helena por Páris, o que causaria a Guerra de Troia, e advertiu o príncipe a não ir a Esparta – e, é claro, foi ignorada.

– Ela previu que o famoso Cavalo de Troia causaria a ruína da cidade, e lutou para que os troianos não colocassem o mesmo para dentro dos portões – e, obviamente, foi ignorada.

O ORÁCULO DE DELFOS

Embora estejam atualmente em ruínas, os templos e casas fortes que um dia abrigaram os sacerdotes e sacerdotisas do Oráculo de Delfos, localizado na cidade de Delfos (hoje inexistente) era uma região central da Grécia, há cerca de 2500 anos, e foi uma das mais influentes e poderosas instituições do mundo grego antigo. Destino de grandes personagens da história, o Oráculo de Delfos recebera visitas não só de nomes célebres, como Alexandre, o Grande, Sócrates, Platão e muitas outras pessoas ilustres oriundas do Mar Mediterrâneo, mas também de

Ruinas do Templo de Apolo, onde ficavam as sibilas ou advinhas. (Oráculo de Delfos)

cidadãos comuns e embaixadores das cidades estados gregas e dos impérios contíguos buscando por conselhos, tanto para problemas pessoais como para grandes e complexas questões políticas e de relações exteriores.

Considerada o "Centro do Mundo", a cidade de Delfos recebeu esta alcunha graças ao mito que narra a busca de Zeus pelo ponto médio da Terra. No intuito de delimitar esse local, Zeus enviou duas águias de extremos opostos do mundo, uma voando em direção à outra. Elas encontraram-se em Delfos, designando a cidade como centro do mundo e fazendo de seu templo um local tido em estima para aqueles que procuravam por auxílio e segurança. O ponto de encontro das águias foi demarcado com uma pedra oval, o ônfalo. O formato ovalado da pedra provavelmente deriva de uma crença de que esse formato transmitia boas energias àqueles que a tocassem.

Na figura acima, ônfalo encontrado no templo de Delfos.

Onfalo ou Ônfalo é uma palavra de origem grega que significa umbigo. O umbigo é, desde tempos remotos, o símbolo do centro a partir do qual se dá a criação do mundo e está presente em muitas culturas. É representado normalmente, por uma pedra, que pode ou não ser trabalhada, junto da qual se fazem diversos rituais religiosos.

Para responder a essas questões específicas e predizer o futuro, a Suprema Sacerdotisa intitulada Pítia ou Sibila, entrava em estado de transe. Os gregos acreditavam que Pítia era a porta-voz de Apolo deus do sol, o qual, através da Suprema Sacerdotisa, supostamente transmitia as vontades de seu pai, Zeus.

As Pítias exerciam uma grande influência com poderes para instigar políticas governamentais, determinar o local de construção de cidades e até mesmo iniciar ou pôr fim as guerras.

De acordo com a tradição oral, as primeiras predições teriam ocorrido quando um pastor de ovelhas estava conduzindo seu rebanho pela área e ao inalar acidentalmente os gases emanados através das fendas, teria entrado em transe e balbuciado algumas previsões. A princípio tido como insano, o pastor começou a ser levado a sério quando suas previsões começaram a se realizar.

Imagem de uma Sibila, Pitonisa ou Pítia.

Logo surgiu a explicação de que o mesmo, ao inalar os vapores emanados da terra, havia estado em contato direto com Apolo. Em breve houve uma peregrinação de pessoas às fendas, procurando inalar os gases, entrar em transe e fazer profecias. Nesse período houve muita confusão e mortes, com várias pessoas caindo nas fendas. Notando que seria necessário organizar uma quantidade muito grande de pessoas que vinham visitar as fendas, os cidadãos locais decidiram eleger uma mulher, a qual inalaria os gases enquanto prostrada em uma plataforma sobre as fendas. Logo esta primeira mulher foi associada ao então criado mito da luta do deus Apolo com o Dragão-fêmea Python e batizada como Pítia. Com o aumento do prestígio de suas previsões, Pítia acabou tornando-se a primeira suprema-sacerdotisa do Oráculo de Delfos.

Através dos séculos, as Sibilas provaram ser extremamente confiáveis em suas previsões. Tornaram-se famosas não só no mundo grego, mas também, junto a todos os povos do mundo mediterrâneo, incluindo Romanos e Egípcios, os quais frequentemente as consultavam.

O auge da importância do Oráculo no mundo antigo se deu entre os séculos VI e IV a.C. Nesse período ele influenciou diretamente a política da Grécia Antiga através das consultas que grandes líderes realizavam a ele. Assim, as respostas dadas eram muitas vezes, enigmáticas, confusas, sempre aconselhando em importantes tomadas de decisões. Foi graças ao Oráculo que diversas guerras aconteceram e deixaram de acontecer, construindo a História como é conhecida.

Um exemplo que ilustra a enorme importância atribuída ao Oráculo é seu papel nas Guerras Médicas entre gregos e persas. Heródoto conta no Livro VII de sua obra "História", que o general ateniense Temístocles, resoluto em participar da guerra, decidiu consultar a Sibila, buscando uma mensagem de estímulo.

1- (Ver: HERÓDOTO. **História - O Relato Clássico da Guerra entre Gregos e Persas**. (2001). Rio de Janeiro/RJ: Prestígio Editorial, os. 746 a 890)

A resposta dada a ele, é a seguinte:

"Ó infelizes, porque permaneceis ainda sentados? Fugi daqui.

Para os confins da Terra e para longe das alturas da cidade circular. Pois não permanece a cabeça nem o corpo.

Nem embaixo os pés nem mãos ou partes médias. Mas irão juntos, pois o fogo os devorará e Ares bravio, condutor do carro sírio.

Também outras fortalezas ele destruirá, não apenas a tua. Ao fogo ardente oferecerá numerosos templos dos deuses.

Daqueles deuses que hoje ainda permanecem e gotejam o suor.

E se empalidecem de pavor; pois alto, das cumieiras dos templos. Escorre sangue escuro, sinal de desgraça ameaçadora.

Portanto, abandonai as câmaras sagradas e tende coragem na infelicidade".

Uma pergunta feita ao Oráculo de Delfos marcou o início da filosofia de Sócrates e definiu os rumos de toda a filosofia ocidental. Seu amigo Querofonte viajou até a cidade de Delfos, na Antiga Grécia para consultar a Sibila. No templo existiam também, além das Sibilas, sacerdotes que interpretavam as mensagens daquelas. Na entrada do Templo de Apolo, estava escrita uma das frases mais conhecidas da filosofia: "Conhece-te a ti mesmo ", que também marcou a filosofia platônica.

Querofonte perguntou ao oráculo: "Quem era o homem mais sábio de Atenas?" A sacerdotisa declarou que o homem mais sábio de Atenas era Sócrates. Querofonte voltou para Atenas e levou a novidade até Sócrates. Ao saber disso, Sócrates não aceitou a afirmação do Oráculo, pois não se acreditava sábio. (www.ma pergunta feita ao Oráculo de Delfos marcou o início da filosofia de Sócrates e definiu os...)

Apesar de muitos estudiosos antigos e modernos, haverem pensado que as Sibilas sofriam intoxicação por vapores vulcânicos que saiam de fendas nas rochas do templo de Apolo, não existem evidências arqueológicas da existências dessas fissuras. Por outro lado, o poeta romano Lucano admitia uma ideia muito diferente. Ele dizia que as Pítias eram capazes de profetizar, adivinhar ou "ver" porque estavam possuídas temporariamente pelo deus Apolo!

No templo de Apolo, havia muitas despesas. Ali, uma única pergunta deveria ser paga com o equivalente a dois dias de salário, além de ofertas por "boa vontade". Portanto, as consultas eram pagas. Mas esse era o custo mínimo, exclusivo para consultas particulares. Governos e pessoas ricas pagavam dez vezes mais. Muitas pessoas pagavam elevadas quantias com muito bom gosto. Suas perguntas relacionadas às questões de guerras e assuntos relacionados à vida e à morte asseguravam o destino político das províncias e até de nações.

O templo sobreviveu até 390 d.C., quando o imperador cristão Teodósio I destruiu o templo, sendo então abandonado e a maioria das estátuas e obras de arte em nome do cristianismo. O local foi completamente destruído pelos cristãos na tentativa de remover todos os vestígios do paganismo. Essa lamentável atitude de Teodósio I, marcou o fim do paganismo, quando o cristianismo, após ser cruelmente perseguido pelo Império Romano, passou a ser a religião dominante em todo o mundo ocidental, com uma estimativa atual de dois bilhões e trezentos milhões de cristãos de todos os ramos.

O Oráculo de Delfos talvez se encontre dentre os maiores do gênero. Foi consultado por milhares de pessoas oriundas de quase todo o mundo conhecido na antiguidade. Esse oráculo e muitos outros, norteou o destino político e pessoal de filósofos, generais, pessoas, reis, conselheiros, ministros!

Ao que tudo indica o mundo é orientado por vozes, profetas, médiuns, videntes, místicos, santos, yogues, mestres espirituais, sacerdotes, hierofantes, sábios, vozes misteriosas, sonhos, visões, "avisos", comunicações mediúnicas, magias, encantamentos, bruxarias, feitiços, transes místicos, experiências religiosas, experiências místicas de todos os tempos e lugares, do Oriente ao Ocidente.

Teriam as vozes dos "espíritos", os sonhos, as profecias, as intuições, guiado a humanidade?

São inúmeros os casos que evidenciam essa possibilidade.

1- LESSA, Adelaide Petters (1978). **A Predição Parapsicológica Documentada**. São Paulo/SP: Editora Ibrasa;

2- IDEM (1975). **Precognição**. São Paulo/SP: Livraria Duas Cidades;

3- BROAD, Willian J. (2007). **Oráculo - O Segredo da Antiga Delfos**. Rio de Janeiro/ RJ: Editora Nova Fronteira.

4- KIRCHENNOFFER, H. (Trad). (1994). **Oráculo - O Livro do Destino**. São Paulo/SP: Editora Hemus;

5- WILHELM, Richard (Trad) (1985). **I Ching – O Livro das Mutações**. São Paulo/SP: Editora Pensamento.

CAPÍTULO 6

FATOS INTUITIVOS E REVELAÇÕES

"Derramarei meu Espírito sobre toda a carne, e vossos filhos e vossas filhas profetizarão, os vossos velhos terão sonhos, os vossos mancebos terão visões"

(O Senhor a Joel)

1- (In: LESSA, Adelaide Petters (1978). **Paragnose do Futuro - A Predição Parapsicológica Documentada**. São Paulo/SP: Editora Ibrasa, p.135)

SÓCRATES

Sócrates foi um filósofo grego ateniense que buscava valores absolutos.

Seu método de investigação filosófico era por ele chamado de "Maiêutico", palavra grega que vem de "parto". Seus diálogos com a juventude ateniense consistiam em fazer perguntas sucessivas, até conduzir o interlocutor a descobrir a resposta à pergunta de Sócrates, que, neste caso agia como uma "parteira". Em outras palavras, a pessoa que era indagada, fornecia a sua própria resposta. Sobre isso, deve-se ler o Diálogo Platônico denominado "Menon".

Escultura da cabeça de Sócrates.

Sócrates nasceu em Alópece em 470 ou 469 a.C. em Atenas. Era filho de Sofrônico, escultor e de Fenáreta, falecendo em 399 a. C. em Atenas, aos 71 anos. Credita-se a ele e a outros, o início da Filosofia Ocidental.

Sócrates nada escreveu. Foi imortalizado pelo seu discípulo amado Platão, através dos seus "Diálogos". Ele escrevia na forma de versos ou de prosas. São atribuídos a Platão, trinta e cinco diálogos e treze cartas. Entretanto, é tema de controvérsia e discussão tanto a autenticidade quanto a cronologia dos diálogos. Já na Antiguidade circulavam textos sabidamente apócrifos atribuídos a Platão.

Na figura acima, morte de Sócrates. (Jacques-Louis David -1787 Metropolitan Museum of Art, Nova Iorque)

Sócrates foi acusado de corromper a juventude de Atenas com as suas conversas. Foi condenado em 399 a.C. no mês de janeiro, com 71 anos, por uma acusação de "impiedade": foi acusado de ateísmo e de corromper os jovens com a sua filosofia, mas na realidade, estas acusações encobriam ressentimentos profundos contra Sócrates por parte dos poderosos da época. O tribunal era constituído por 501 cidadãos.

Seu destino foi apontado pelas seguintes palavras: "Mas eis a hora de partir: eu para a morte, vós para a vida. Quem de nós segue o melhor rumo, ninguém o sabe, exceto os deuses".

Sócrates não temia a morte, como se pode verificar na leitura do Diálogo Platônico "Fedon". Deram-lhe a oportunidade de fugir da prisão, mas ele decidiu ficar. Morreu, condenado a beber cicuta, um veneno mortal.

No seu diálogo intitulado "Fedro" e em outros, Sócrates dizia ouvir o seu "daemon" particular que o acompanhava desde a sua infância, orientando-o sobre como agir na vida e na construção da sua filosofia.

Referindo-se ao seu daemon, assim disse Sócrates, em Fedro:

> 1- (PLATÃO (1962). **Diálogos - Fedro**. Porto Alegre: Editora Globo, p. 212:

> "Sócrates: Caro amigo! quando quis atravessar o regato despertou em mim, o "daemon" e manifestou-se o sinal costumeiro. Ele sempre me impede de fazer o que desejo. Pareceu-me ouvir uma voz que vinha cá de dentro e não me permitia ir embora antes de oferecer aos deuses uma expiação, como se houvesse cometido alguma impiedade. Sou adivinho, mas não muito hábil; sou como os que não sabem ler e escrever: só faço adivinhações para mim mesmo. Agora vejo com clareza o meu pecado. Meu amigo! A alma tem o dom de profetizar."

O estudioso dos fenômenos Psi ou paranormais Brian Inglish, diz que Sócrates teria dito as seguintes palavras, após ser condenado.

> 1- (INGLISH, Brian (1992). **O Mistério da Intuição**. São Paulo/SP: Editora Cultrix, p.17:

> Após os juízes o considerarem culpado de corromper a juventude de Atenas, Sócrates explicou porque não pretendia contestar-lhes a sentença: "No passado, a voz profética a que me acostumei foi sempre minha companheira constante, que se opunha a mim até em coisas muito triviais, como se tentasse impedir-me de tomar o cami-

nho errado. Agora me aconteceu uma coisa, como vocês podem ver, que talvez seja considerada – e normalmente o é – uma suprema calamidade; entretanto nem quando saí de casa hoje cedo, nem quando ocupava meu lugar aqui no tribunal, nem em ponto algum de nenhuma parte da minha alocução, o sinal divino se me opôs. Em outros debates ele me tem reprimido, amiúde, no meio de uma sentença; desta vez, porém, não fez oposição em parte alguma deste caso, em nada do que eu tenha dito ou feito. Qual é, no meu entender, a explicação para isso? Eu lhes direi. Acredito que o que me aconteceu seja uma bênção, e que estamos totalmente enganados supondo que a morte é um mal. Tenho bons motivos para pensar assim porque o meu sinal costumeiro não poderia ter deixado de opor-se a mim se o que estava fazendo não devesse trazer com certeza um bom resultado". De Xenofante, bem como de Platão, a imagem que emerge do daemon de Sócrates é razoavelmente clara. Ele presumia que fosse uma divindade menor, ou um mensageiro do divino, que lhe transmitia as instruções dos deuses através do seu ouvido interior... O daemon o seguia desde a infância, contou ele no Teágenes; "sempre significa para mim o abandono do que estou prestes a fazer; nunca me provoca". Também lhe comunicava avisos que ele transmitia aos companheiros. Quando Timarco se erguera de um banquete, Sócrates não tivera consciência de que o outro estava saindo para cometer um homicídio; mas sabia que precisava tentar detê-lo. "Não te levantes, de maneira nenhuma", disse eu, pois recebera o costumeiro sinal do daemon.

Após essa advertência, Timarco desistiu dos seus propósitos assassinos.

SANTA JOANA D'ARC

Na figura acima, pintura representando Santa Joana d'Arc.

Aos 13 anos Joana escutou em seu ouvido direito uma voz de um anjo, a qual mais tarde ela descobriu ser do Arcanjo Miguel que lhe guiava para os caminhos de Deus e lhe ensinava como viver em paz e pregar de forma sábia. Joana d'Arc nasceu em 1412 em Domrémy, Bar, França. Heroína nacional da França aos 18 anos, liderou o exército francês à vitória sobre os ingleses em Orléans.

Capturada um ano mais tarde, Joana foi queimada na fogueira como herege pelos ingleses e seus colaboradores franceses. Com o passar dos séculos, ela foi chamada de tudo: bruxa, prostituta, santa, feminista, nacionalista, heroína, santa, mesmo sendo tão jovem. Essa mesma voz conversou com a garota diversas vezes e em uma delas o Arcanjo solicitou que Joana fosse em socorro do Rei da França. Sendo assim, aos 17 anos ela decidiu partir e ingressar no exército.

Ela foi canonizada como uma santa católica romana mais de 500 anos depois, no dia 16 de maio, 1920.

Na época do nascimento de Joana d'Arc, a França foi envolvida em uma longa guerra com a Inglaterra conhecida como Guerra dos Cem Anos; a disputa começou sobre quem seria o herdeiro do trono francês.

No início do século XV, o norte da França era uma fronteira sem lei dos exércitos de saqueadores. Foi em 1338 que a Inglaterra, dominava quase todas as províncias marítimas francesas, surgiu no cenário de batalhas a figura de Joana d'Arc, cujas façanhas guerreiras mudaram completamente o rumo dos acontecimentos.

Nascida provavelmente em 6 de janeiro de 1412, em Domrémy, pequena localidade fronteiriça, ela era filha de camponeses relativamente abastados, mas apesar disso permaneceu analfabeta. Extremamente devota, Joana tinha pouco mais de cinco anos quando ouviu pela primeira vez o chamado de Deus, o que continuou acontecendo durante os cinco anos seguintes, cerca de duas a três vezes por semana. Entre as vozes que ouvia a menina identificou as de Santa Catarina e Santa Margarida, que lhe ordenaram partir em socorro do delfim da França, futuro Carlos VII.

Uma profecia conhecida na época anunciava que a restauração da grandiosidade francesa seria feita por uma donzela da fronteira da Lorena, e Joana provavelmente devia saber disso. O fato é que a moça se equipou para a guerra e procurou em seguida o palácio real, onde após algumas dificuldades conseguiu chegar à presença

Na figura acima, Santa Joana d'Arc sendo queimada viva na fogueira, na cidade de Roen.

de Carlos, a quem afirmou que tinha sido enviada por Deus para salvar a pátria assediada e depois coroar o rei na cidade de Reims.

Submetida a muitas provas, nas quais respondeu a todos os interrogatórios com grande habilidade, ela foi então declarada como chefe de guerra, iniciando a partir daí uma campanha militar cujo primeiro resultado foi a reconquista de Orleans, em 29/4/1429.

A seguir, ofensivas fulminantes permitiram a retomada de Patay, onde os ingleses sofreram derrota esmagadora, além de Troyes, Châlons e Reims, invadida pelo exército de Joana d'Arc no dia 16 de julho, e na qual no dia imediato, processou-se a sagração do soberano francês em presença da donzela, que mostrando seu estandarte de guerra ocupava lugar de destaque na cerimônia.

Com isso chegara ao fim a missão a que Joana d'Arc se propusera, mas ela continuou à frente dos seus soldados. Até que na primavera de 1430, quando, mesmo desaconselhada por vozes interiores a donzela marchou para socorrer Compiégne, acabou caindo em poder dos inimigos.

Em novembro de 1430, Joana d'Arc entrou pela primeira vez na sala do tribunal tendo contra si a acusação de heresia, apostasia, bruxaria e idolatria. Seu julgamento durou seis meses e ao final dele foi considerada culpada, sendo condenada à fogueira. Joana d'Arc morreu na cidade de Ruão em 30 de maio de 1431.

Consumada a execução, o corpo carbonizado da heroína francesa permaneceu exposto para que todos pudessem vê-lo, mas em seguida foi novamente atirado à fogueira, a fim de que se transformasse em cinzas. Apesar do trágico desfecho, a carreira militar da jovem e seu martírio fortaleceram e estimularam a França para a resistência aos ingleses, o que acabou redundando na expulsão dos invasores.

Joana d'Arc foi esquecida pela história até ao século 19, quando os franceses a redescobriram. Antes disso, porém, Shakespeare tratou-a como uma bruxa, e Voltaire escreveu um poema satírico, ou pseudo ensaio histórico, que a ridicularizava, intitulado "La Pucelle d´Orleans" ou "A Donzela de Orleans". Em 1870, quando a França foi derrotada pela Alemanha – que ocupou a Alsácia e a Lorena – "Jeanne, a pequena pastora de Domrémy, um pouco ingênua, tornou-se a heroína do sentimento nacional", o que fez com que republicanos e nacionalistas passassem a exaltar "aquela que deu sua vida pela pátria".

Por ocasião da Primeira Guerra Mundial de 1914 a 1918, os postais patrióticos mostravam Joana à frente dos exércitos e monumentos seus apareceram como cogumelos por toda a França. O Parlamento francês estabeleceu então, uma festa nacional em sua honra, no 2º domingo de maio.

SRINIVASA RAMANUJAN

Srinivasa Ramanujan nasceu em 22 de dezembro de 1887, na cidade de Erode, no Distrito de Komalathammal. Foi o mais velho de três filhos, iniciando seus estudos aos sete anos de idade. Fez seu curso secundário no Distrito de Tanjore entre 1898 e 1903. Matriculou-se na Universidade de Madras em 1904. Nesse período, impressionou vivamente seus colegas e professores pela sua extraordinária proficiência em vários ramos da Matemática, possuindo invejável intuição. Ramanujan notabilizou-se pelo seu "Livro de Anotações". Ele não concluiu o terceiro grau.

Srinivasa Ramanujan.

Em 1910 ele foi patrocinado pelo professor Ramaswamy Iyer, fundador da Sociedade Indiana de Matemática. Vale assinalar que nos seus Livros de Anotações, Ramanujan tratou dos números primos, séries infinitas, séries divergentes, partições, números de Bernoulle, funções Zeta de Riemann, séries hipergeométricas, frações contínuas, funções elípicas, equações modulares e outros temas de grande complexidade.

Ao examinar os seus Livros de Anotações, o professor Ramaswamy ficou impressionado com extraordinária intuição e genialidade de Ramanujan. Ele escreveu carta a endereçada ao matemático britânico Dr. G. H. Hardy, enviando-lhe alguns dos seus trabalhos. Essa carta foi enviada em 16 de janeiro de 1913. Hardy ficou muito interessado no trabalho de Ramanujan, convidando-o a visitá-lo no Trinity College, o que aconteceu.

Um importante livro foi publicado sob a supervisão de Hardy, intitulado "Artigos Selecionados de Srinivasa Ramanujan III" contendo 350 páginas cobertas por complexas equações.

As equações de Ramanujan não tinham demonstrações. "Apareceram na sua mente por pura intuição" Dr. Hardy foi muito duro com Ramanujan, orientando-o a realizar demonstrações racionais das suas equações.

Dr. Hardy era ateu. Ramanujan que bebeu nas fontes do hinduísmo era espiritualista. Indagado pelo Dr. Hardy de onde extraía suas equações, ele respondeu que a Deusa Maha Lakshimi Narashimham lhe ditava todas as fórmulas!

Ramanujan era de baixa estatura, com 1,65. Era também astrólogo, fazendo mapas astrais e previsões astrológicas.

As equações de Ramanujan muito ajudaram no estudo dos "Buracos Negros".

Deusa Maha Lakshimi Narashimham.
(Foto do autor)

Para aqueles interessados em conhecer melhor a genialidade de Ramanujan, recomendo a leitura desse livro, dentre outros.

1- RAO, Srinivasa K. (2004). **A Mathematical Genius**: New Delhi: East West Books (Madras) Pvt Ltd.

Também recomendo assistir ao filme pela Netflix: "O Homem que Viu o Infinito". Excelente!

DOM BOSCO

João Belquior Bosco nasceu em 16 de agosto de 1815, no povoado de Becchi, localizado nas proximidades de Turim, norte da Itália. Seu pai morreu quando João era uma criança, ficando sua educação aos cuidados de sua mãe.

Quando estava na escola primária e tinha 10 anos de idade, teve um sonho anunciador, que lhe disse: "É com a mansidão, compaixão e caridade, que terás de persuadir teus amigos e não pela violência".

Dom Bosco.

Dom Bosco teve um sonho profético sobre a cidade de Brasília. Assim narrou ele: "Via numerosos filões de metais preciosos, minas inexauríveis de carvão, depósitos de petróleo tão abundantes como nunca se encontraram até então em outros lugares".

Mas não era tudo. Entre o grau 15 e 20, havia uma enseada bastante extensa, que partia de ponto onde se formava um lago. Disse então uma voz repetidamente: – "quando se vierem cavar as minas escondidas em meio a estes montes, aparecerá aqui a terra prometida, que jorra leite e mel. Será uma riqueza inconcebível.".

Muitas pessoas interpretam esse sonho como um indicativo da localização da cidade de Brasília, localizada entre os graus 15 e 20, no mapa da América do Sul. Ele sonhava estando nesse continente. No local assinalado pelo sonho, foi erguida uma Ermida em sua homenagem, às margens do lago sul. Projetada em 1957 pelo arquiteto Oscar Niemeyer, a capela da Ermida Dom Bosco é um dos pontos turísticos mais visitados de Brasília. O local integra o Parque Ecológico Dom Bosco e fica situado à margem do Lago Paranoá, no Lago Sul.

Dom Bosco localizou a faixa compreendida pelos paralelos 15 e 20, entre os Andes e o Oceano Atlântico. Exatamente entre os paralelos 15 e 16 foi localizada a nova Capital do Brasil. Embora o objeto de sua visão não seja exclusivamente nem mesmo explicitamente Brasília, podemos afirmar que Dom Bosco viu em 1883, o que hoje, em parte, é realidade.

Ao santo Dom Bosco são atribuídos muitos milagres. Especificá-los está fora do escopo deste livro.

Igreja de Dom Bosco em Brasília. (Foto do autor)

Ermida Dom Bosco em Brasília. (Foto do autor)

RENZO, Baschera (1981). **Le Profezie di Dom Bosco**. Turim: Meb.

SALOTTI, C. (1934). **Il Santo Giovanni Bosco**. Turim: Sei.

PADRE PIO

Francisco Forgione ou Padre Pio foi um monge da Ordem dos Frades Menores Capuchinhos, elevada a condição de Santo pela Igreja Católica como "São Pio de Pietrelcina". Nasceu em 25 de maio de 1887 na cidade italiana de Pietrelcina e faleceu em 23 de setembro de 1968 em San Giovanni Rotondo.

Herdeiro espiritual de São Francisco de Assis, Padre Pio foi um sacerdote que teve no seu corpo os estigmas de crucificação de Jesus Cristo, passando a ser chamado de "O Frei Estigmatizado".

Aos 16 anos de idade, foi levado pelo professor Calcavo e por Dom Nicola Caruso, para o convento do capuchinho de Morcone, lá permanecendo por sete anos. No dia 10 de agosto de 1910, foi ordenado padre. Foi no convento onde esteve que surgiram narrativas sobre os seus "milagres". Uma dessas histórias se referiu ao fato dele ter passado 27 dias se alimentando apenas de eucaristias. Quando orava, caia no chão quando então, permanecia imóvel, como se estivesse morto, fato semelhante ao que ocorreu com Ramana Maharshi, quando tinha 17 anos de idade.

1- (ver: SADHU, Mouni (1983). **Dias de grande paz**. São Paulo/SP: Editora Pensamento).

Padre Pio com os estigmas.

Em virtude das suas "esquisitices", Padre Pio passou a ser alvo de longas discussões por parte da Igreja Católica. Foi testado mediante perícia médica, quando foram colocados lacres sobre os seus estigmas. O sangue, ao se coagular, exalava um perfume muito agradável. O médico Romanelli, incumbido da perícia médica, relatou o seguinte:

> "As lesões que o Padre Pio tem nas mãos não são feridas superficiais. As dos pés têm as mesmas características. A ferida do flanco é um corte nítido, paralelo às costelas. Com 7 a 8 centímetros de comprimento, em tecido mole com profundidade difícil de se calcular. O sangue tem características de sangue arterial."

Em 1924 o Padre Pio foi proibido de escrever, uma vez que o que dizia era motivo de controvérsias. Das suas feridas emanava luz e perfumes, percebidos à distância. Ele tinha o dom de ubiquidade, quando seu corpo físico era visto em certo local e seu corpo sutil era materializado em outro lugar. As suas premonições mais importantes foram por ele ditas após a sua morte, ocorrida em 1968.

Citando algumas delas:

> "A terra tremerá e o pânico será grande... a terra está doente. O terremoto será como uma serpente deslizando por todos os lados. E muitas pedras cairão. E muitos homens morrerão".

> "Os homens viverão uma experiência trágica. Muitos serão levados pelas águas, muitos serão transformados em cinzas pelo fogo, muitos serão sepultados pelos venenos... Mas eu estarei junto aos corações puros".

> "O amor do homem pelo homem, tornou-se uma palavra vazia. Como poderei pretender que Jesus vos ame, se não sabeis amar sequer aqueles

que comem à vossa própria mesa? Da ira de Deus não serão poupados os homens de ciência, mas o que têm coração puro". (*)

(*) Na foto ao lado, Padre Pio e os Pilotos Norte Americanos evangélicos que se converteram ao catolicismo após verem o Santo voando junto aos seus aviões.

Durante a segunda Guerra Mundial aviões norte-americanos realizaram muitos bombardeios à cidades italianas, aliadas aos alemães. Vários pilotos desses aviões viram a figura de um padre voando ao lado dos bombardeiros americanos, como se pretendesse interromper toda ação. O testemunho de um general que também se converteu, disse: "Na região de San Giovanni Rotondo, onde Padre Pio vivia, jamais caiu uma bomba"

Esta história extraordinária sobre o Padre Pio é contada pelo Padre Damaso di Santi' Elia, superior do convento de Piasini, na Itália. O relato aparece formalmente na "Positiu", o documento oficial que expõe a defesa de canonização do famoso capuchinho Padre Pio, agraciado com os estigmas da paixão de Cristo.

TERESA NEUMANN

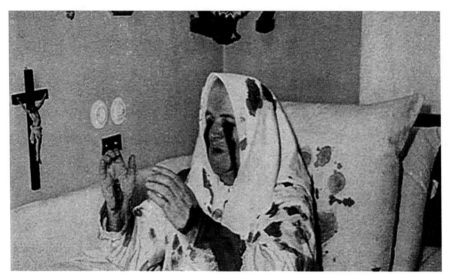

Foto de Teresa Neumann estigmatizada.

Teresa Neumann nasceu em Konnersreuth, na Alemanha no dia 8 de abril de 1898, um dia de sexta-feira santa. De origem humilde, sua infância foi feliz e calma. A família a chamava afetuosamente de Rasi, o diminutivo de Teresa. A partir da Primeira Guerra Mundial, sua tranquilidade foi abalada quando seu pai e seus irmãos foram convocados para a frente de batalha.

Em 1918, Teresa feriu-se nas chamas de um incêndio, que causou ferimentos na coluna com deslocamento de vértebras, ao tentar extinguir o fogo. Seu sistema nervoso foi lesionado e foi internada em um hospital. Todas as tentativas de cura foram infrutíferas. Com o passar do tempo, sua saúde se agravou: seu aparelho digestivo foi afetado e ela ficou paralítica, sobre uma cama.

Teresa também foi estigmatizada, como outros santos. Em transe, via Cristo ajoelhado no monte dos Oliveiras, e outras cenas bíblicas relevantes.

Um padre chamado Neber contou sobre o testemunho de uma pessoa que tomou a decisão de acabar com a própria vida. No exato momento em que ia cometer suicídio: "Vi chegar à minha frente uma mulher com as mãos sangrando e o corpo todo envolto em luz azulada. Não o faça, disse-me, porque sofrerá pela eternidade... Mais tarde, vendo fotos de uma vidente, percebi que se tratava de Teresa."

1- (BASCHERA, Renzo (1985). **Os Grandes Profetas**. São Paulo/SP: Editora Nova Cultura Ltda., p. 298).

Teresa faleceu em setembro de 1962, aos 64 anos de idade.

Vejamos algumas das suas visões proféticas (Idem, p. 299-301):

"Pelas ruas de Konnersreuth muitos soldados vestindo uniformes jamais vistos. Parei um instante para vê-los e ouvi que não falavam a língua alemã".

Trata-se de uma visão sobre a Alemanha nazista. Teresa previu a invasão de sua pátria pelos exércitos da União Soviética e pelos aliados.

"Vi duas cruzes brilharem como o sol e depois explodirem, caindo em muitas fagulhas sobre a terra".

Seria uma visão da cruz suástica do nazismo?

"Vi pessoas pelas ruas que tinham dificuldade em respirar, enquanto o céu se enchia de nuvens amarelas. Havia homens que subiam nas árvores, tentando encontrar um pouco de ar. E também havia homens que cortavam a própria garganta em busca de um pouco de ar".

Essa visão provavelmente, refere-se à poluição do ar em virtude da contaminação atmosférica pelo monóxido de carbono, fato que já está acontecendo nos dias atuais.

"Da janela vi marcharem muitos soldados. Levaram fuzis nos ombros e mostravam estar cansados. Um deles me viu e cumprimentou-me. Perguntei-lhe para onde iam e ele respondeu-me que estavam indo para a Polônia e para a Rússia... Olhei para o céu e vi, na direção do oriente, relâmpagos tremendos. Então os soldados mudaram de marcha, mas o seu número ficara bem reduzido".

Incrível premonição sobre o início da Segunda Guerra Mundial e a invasão da Polônia e da União Soviética!

Paramahansa Yogananda relata o seu encontro com Teresa Neumann no seu conhecido livro "Autobiografia de um Yogue Contemporâneo".

Vejamos alguns trechos desse encontro:

"Teresa cumprimentou-me com um aperto de mão gentil. Sorrimos em silenciosa comunhão, reconhecendo-nos um ao outro, como amantes de Deus.

Quando nos sentamos, notei que Teresa me fitava com ingênua curiosidade; evidentemente os hindus têm sido raros na Baviera.

– A senhora não se alimenta de nada?

Eu queria ouvir a resposta dos seus próprios lábios.

– Não, exceto uma hóstia às seis da manhã, todos os dias.

– De que tamanho é a hóstia?

– Tem a espessura do papel e o tamanho de uma pequena moeda.

Ela acrescentou:

– Tomo-a por motivos sacramentais; se não está consagrada, sou incapaz de ingeri-la.

– Mas a senhora certamente não podia viver apenas disso, durante doze anos inteiros.

[...]

– Vivo da Luz de Deus.

Que simples resposta, que einsteiniana!

– Compreendo; sobre que a energia que flui para o interior do seu corpo, proveniente do éter, do sol e do ar.

Um rápido sorriso iluminou-lhe a face

– Sinto-me muito feliz por compreender de que modo vivo.

– Sua sagrada vida é uma demonstração diária da verdade proclamada por Cristo: "não só de pão viverá o homem, mas de toda palavra que sei da boca de Deus".

1- YOGANANDA, Paramahansa (1976). **Autobiografia de um Yogue contemporâneo**. São Paulo/SP: Summus Editorial. p. 339-346.

1- ENNEMOND, B. (1963). **Teresa Neumann la stigmatizzate**. Moderna: Editora Pavalini;

2- BASCHERA, Renzo (1985). **Os grandes profetas**. São Paulo/SP: Editora Nova Cultura Ltda.

EDGAR CAYCE

Edgar Cayce.

A biografia de Edgar Cayce consta dos anais dos estudos sobre a espiritualidade humana. Ele era dotado de estranha capacidade psíquica enquanto dormia.

Edgar nasceu nos Estados Unidos da América em 18 de março de 1877. Sua infância foi calma e feliz, pois vivia longe do tumulto e do burburinho das cidades grandes, passando a infância em uma fazenda localizada próxima a Hopkinsville. Há registros que indicam que o menino Cayce já tinha visões aos 7 anos, comentou o fato com os seus pais, dizendo-lhes que "frequentemente via pessoas já falecidas".

Quando começou a frequentar a escola primária, percebeu ser dotado de fantástica memória fotográfica, durante seus transes. Bastava dormir sobre os livros abertos para guardar na memória os seus conteúdos, por mais complexo que fossem os temas ali abordados.

Cayce tinha saúde delicada, o que lhe impediu concluir seus estudos. Aos 21 anos, passou a trabalhar com representante comercial para uma fábrica de papel. Foi nessa época que passou a sofrer de uma paralisia dos músculos da garganta, gradativamente. Com o passar do tempo, os médicos consideram seu problema como sendo incurável. Mas, sabendo dos dons de Edgar, tentaram esse caminho. Ele caiu em sono profundo, quando "percebeu" claramente qual era a causa de sua enfermidade. Após o transe, Edgar sugeriu um tipo de terapia, o que o levou a ficar curado.

Esse fato despertou a curiosidade dos meios médicos de Kentuky. Daí em diante, ele passou a colaborar com alguns médicos, em diagnósticos complicados. Quando dormia, Edgar conseguia ver com muita clareza, a causa das doenças estando ou não, os pacientes próximos de si.

Dr. Münsterberg, sempre que lhe era possível o acompanhava nas suas consultas em estado de sono profundo. Vamos citar um diálogo entre eles, extraído do livro.

1- SUGRUE, Thomas (s/d). **Edgar Cayce** – o Homem do Mistério. Rio de Janeiro/RJ: Editora Record. p. 17.

"O senhor afirma que não dispõe de um consultório, não é verdade? Prosseguiu ele (Münsterberg) em sua inquisição – O senhor me permite verificar o que vem elegendo? As luzes estão acesas?

– Oh, há sempre luz e muita claridade – obtemperou o jovem.

Eu percebo as manifestações duas vezes ao dia, de manhã e à tarde. Quando não há suficiente luz natural, nós ligamos as lâmpadas, a fim de que o estenógrafo possa tomar notas do que eu falo.

– E o paciente? Onde está o paciente?

– A maioria deles permanece em suas próprias casas, pouco importando onde elas estejam.

> Basta que me leiam o endereço, e logo consigo localizá-lo sem maior dificuldade.
>
> – O senhor não examina o paciente previamente?
>
> – Oh! Não. Em estado de vigília nada sei de Medicina. Prefiro mesmo não saber o nome da pessoa antes de adormecer. Na verdade, o seu nome pouco significaria para mim. Grande parte dessa gente vive fora deste Estado, em algum outro lugar."

Ao cair em sono profundo e rápido, Edgar Cayce era extraordinário! Sabia tudo o que lhe era indagado. Dormindo, ele tinha acesso ao "Vale da Vida", pois entrava em contato com a sabedoria infinita. Quando se conhece o Absoluto, tudo mais se torna conhecido!

São inúmeras as curas realizadas por Edgar Cayce enquanto dormia. Inúmeras, também, são as suas previsões durante o sono. Vejamos algumas delas:

> Cayce previu o aumento da temperatura da terra pelo efeito estufa. Vulcões como o Vesúvio entrariam em erupção e as geleiras dos polos se derreteriam provocando enchentes em cidades costeiras!
>
> "O sul da Europa mudará em um piscar de olhos. Grandes quantidades de terras ficarão submersas e outras áreas de terra aparecerão".
>
> "Quem tiver recursos para comprar uma porção de terra, será uma pessoa abençoada uma vez que não passará fome no futuro".

Cayce e os seus sonhos anômalos foram tema de teses de doutorado. Uma delas foi na Universidade de Chicago em 1954. Ele falou que retornaria à terra em 2100 após o nosso planeta passar por grandes provações em virtude do clima.

Edgar Cayce faleceu no dia 3 de janeiro de 1945. Seus restos mortais foram sepultados em Virginia Beach. No dia do seu sepultamento, foi lembrada uma bela frase de Edgar: "Lembrei que a morte é a porta de entrada para Deus".

Foi um profeta, um sensitivo extraordinário!

> 1. BASCHERA, Renzo (1985). **Os grandes profetas.** São Paulo/SP: Editora Nova Cultura Ltda.
>
> 2- SUGRUE, Thomas (s/d). Edgar Cayce – **O homem do mistério.** Rio de Janeiro/RJ: Editora Record.

OBSERVAÇÃO

Segundo a tradição hindu das Upanishads, quando alguém percebe o Absoluto Brahman, torna-se igual a Ele, adquirindo uma sabedoria infinita. No verso I. 1, 3, da Mundaka Upanishad, pode-se ler: "Saunaka", respeitável chefe de família, certa vez aproximou-se de Angiras (mestre espiritual) e perguntou: "O que é aquilo que após ser conhecido, todas as coisas tornam-se conhecidas?".

A resposta foi: "Pelo conhecimento superior o sábio pode observar Brahma em qualquer lugar".

> 1- (Ver: TINOCO, Carlos Alberto (1996). **As Upanishads.** São Paulo/SP: Editora Ibrasa, p. 194-195).

PREMONIÇÃO NA ALDEIA CASSAUÁ

O Posto Indígena Nhamundá no Estado do Amazonas na aldeia Cassauá, distava 315 quilômetros de Manaus em linha reta. O acesso à aldeia é possível apenas por barco (lancha) ou por avião. Por lancha são necessárias 66 horas de viagem. Por avião anfíbio, são necessárias três horas de viagem. Os habitantes da aldeia Cassauá pertencem ao grupo Heskariano. Como nos demais postos da Funai, eles são visitados periodicamente por uma equipe composta de médico, dentista, enfermeiro e técnico de laboratório de análise clínica.

No dia 08 de setembro de 1975 na aldeia Cassauá dos índios Heskarianos, estavam presentes, além dos membros da tribo, o odontólogo e a auxiliar técnica de laboratório, quando encontraram o pequeno índio Wilson Heskariano de aproximadamente três anos de idade. Essa criança estava há três dias sem urinar. Como o avião anfíbio que levara o dentista e a auxiliar estava na aldeia, Wilson Heskariano foi removido para Manaus, em busca de tratamento mais adequado. Seus pais, Joaquiin Heskariano de dezenove anos e Gerci Heskariano de dezessete anos, acompanharam o filho na viagem. No mesmo dia chegaram à Manaus e o menino foi internado no Pronto Socorro do Hospital Infantil Dr. Fajardo. Nesse mesmo dia o Dr. Irineu Castro médico da Funai, visitou o menino e constatou a gravidade do caso: adiantado estado de desidratação.

No dia seguinte, 08 de outubro o garoto morreu às 12:30 horas. Os pais pediram ao médico Dr. Irineu, que o corpo do filho fosse levado de volta à aldeia para ser sepultado. Passaram a noite inteira velando o corpo de menino falecido, no necrotério do Hospital. Pela manhã do dia 09 de outubro às 7:00 horas os pais e o médico Dr.

Irineu Castro partiram para a aldeia Cassauá num avião anfíbio de propriedade da Igreja Adventista. Narra Dr. Irineu:

> "Quando descemos o Rio Nhamundá em frente à aldeia, era grande o número de índios esperando o desembarque. Foi enorme a minha surpresa quando, ao sair do avião (fui o primeiro a descer), fui informado pela chefia do Posto da Funai, Raimundo Nonato Correa, de que eles já sabiam da morte do garoto, e inclusive já tinham aberto a cova para o sepultamento. E tal foi feito, logo em seguida, assim que o corpo foi removido do avião".

Complementa Dr. Castro no seu depoimento:

> "Devo registrar que fenômenos Paranormais não são raros entre os indígenas. Várias pessoas contaram-me fatos inusitados ocorridos entre eles. Eu mesmo já tive oportunidade de presenciar algum fenômeno que têm, sem maiores análises, um forte aspecto de paranormalidade. Se bem que não muito frequentes, esses fenômenos, creio que ocorrem com maior intensidade entre os indígenas do que entre os civilizados. Talvez isso decorra de a mente primitiva do índio ser livre, não estando submetida aos condicionamentos impostos pela civilização".

Certamente, o médico Irineu Castro revela bom senso de observação ao comentar o fenômeno de Precognição que testemunhou junto aos Heskarianos de Cassauá. Seu depoimento confirma o de muitos observadores criteriosos.

Para o índio brasileiro os fenômenos de ESP – Percepção Extra Sensorial – são corriqueiros, naturais e não causam espanto quando ocorrem. A irmã salesiana Joana d'Arc, minha tia irmã da minha mãe, missionária católica que trabalhou mais de cinquenta anos junto aos indígenas do Alto Rio Negro, diz que assistiu fenômenos de ESP entre eles. Algumas tribos, segundo a irmã Joana d'Arc, desenvolveram métodos de cura por imposição das mãos e todos acreditam que o homem é dotado de um espírito que sobrevive à morte do corpo físico. Por este motivo, eles mantêm certos rituais relativos à alma dos mortos. Outros acreditam que os espíritos podem reassumir novos corpos, com os quais desfrutarão novas vidas, uma forma primitiva de reencarnação. Essa mesma irmã também presenciou fenômenos de clarividência entre os índios com quem trabalhava.

As observações da irmã Joana d'Arc são comprovadas pelos testemunhos de outras pessoas que viveram junto

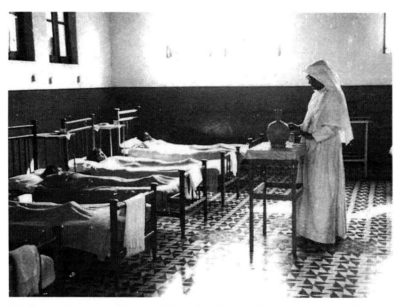

Na foto acima, Irmã Joana d'Arc da Câmara Borges em Barcelos, no interior do Estado do Amazonas, cuidando de doentes.

aos índios. Dizem elas que, se um índio se afasta da aldeia e, por algum acidente, morre, logo outro índio que ficou na aldeia sabe do acidente e com muita naturalidade, diz que ocorreu a morte. Ninguém se espanta ou faz perguntas. Simplesmente soube do fato e o assunto está encerrado. Então, dentro de pouco tempo, alguém descobre o cadáver e o traz para a taba.

Muitas vezes os índios sabem quando alguém está para chegar na aldeia, vindo de muito longe. Trata-se de um fato premonitório que pode ocorrer do seguinte modo: subitamente, um deles exige silêncio, fica concentrado, apura o ouvido ou coloca a orelha no chão e depois de algum tempo, diz, por exemplo, "O padre fulano vai chegar dentro de quatro dias". Ninguém contesta. Passado este prazo, o tal padre aparece. Trata-se, neste caso, de uma Precognição Espontânea.

Segundo os irmãos Villas-Boas, grandes conhecedores dos indígenas brasileiros, os pajés são homens sábios conhecedores de muitas ervas que usam para fins diversos. São conselheiros espirituais, orientadores e detentores da tradição oral da tribo e dotados de faculdades paranormais. Eles contam o caso de um índio que havia saído da sua aldeia para pescar, levando consigo duas pequenas índias, suas filhas, com seis e nove anos de idade. Por alguma razão, deixou as filhas à margem de uma lagoa e saiu em outra direção. Voltou sem demora e não mais encontrou as filhas. Chamou por elas, procurou-as por todos os locais possíveis, sem sucesso. Retornou à taba e pediu ajuda. Outros índios procuraram sem nada encontrar. No dia seguinte um pajé foi consultado e este afirmou que um "espírito das matas" havia levado as meninas e que seria necessário fazer uma pajelança, um ritual de magia para reaver as pequenas índias. Mas, apesar desse trabalho ter sido feito as pequenas não apareceram. Os pais procuraram outro pajé mais afamado de nome Tacumã, filho de outro pajé e feiticeiro famoso. Tacumã concordou. Eles sempre cobram pelos seus serviços e costuma ser caro. Pescado, caça, utensílios diversos é o preço cobrado. Ao concluir sua magia, Tacumã declarou que as meninas apareceriam no dia seguinte, determinando a hora exata em que estariam na aldeia. Como foi previsto, as meninas apareceram e apesar dos gritos de Tacumã para que ninguém tocasse as pequenas índias, os pais aflitos correram até elas. Antes de serem tocadas, desapareceram na floresta. No dia seguinte, outra magia foi realizada. Desta vez, com muitos rolos de fumaça provenientes do charuto de Tacumã. Mais uma vez o xamã prometeu que traria as meninas de volta, marcando a hora em que apareceriam. O aparecimento repetiu-se e na hora determinada as crianças apareceram na entrada da aldeia, na mata limítrofe. Mas desta vez, Tacumã cuidou do caso ele mesmo. Cercou-as e tocou seu chocalho, cantando em volta delas. Foram salvas muito magras, fracas e famintas Os Villas-Boas as socorreram levando-as ao posto da Funai mais próximo. Lá, foram medicadas e alimentadas, primeiramente com soro.

Este caso resumido descrito aqui, é um dentre muitos outros constatados pelos irmãos Villas-Boas. Outros sertanistas, médicos funcionários da Funai, missionários religiosos, antropólogos, botânicos e pesquisadores diversos que mantiveram contato com os índios, narram fatos parapsíquicos extraordinários ocorridos entre eles.

Outro fato que merece destaque é o uso de substâncias enteógenas pelos xamãs. Os pajés ou xamãs conhecem profundamente as plantas alucinógenas e as ervas que curam.

Quando morre um xamã, com toda certeza desaparece uma verdadeira biblioteca. Os pajés ou xamãs são exímios na arte do êxtase, dos estados alterados de consciência. Quando em êxtase provocado por enteógenos, os índios têm visões precognitivas. Dizem também entrar no mundo dos mortos, onde estes são vistos. Também assistem cenas distantes, fora do alcance dos sentidos, localizando caça distante e objetos perdidos. Percebem o pensamento de outras pessoas.

Os fenômenos anômalos ou paranormais ocorrem mais frequentemente entre os povos indígenas que entre os chamados civilizados. Pessoas que trabalham ligadas aos meios indígenas sempre falam que presenciaram ou ouviram comentários fidedignos de narrativas de tais fenômenos. Assim, funcionários da Funai e missionários religiosos, principalmente, relatam numerosos fatos Psi ocorridos nos meios indígenas.

Por qual razão o índio manifesta mais facilmente fenômenos Psi do que o cidadão comum? Talvez isso seja devido a uma vida sem tensões, sem stress. Desfrutando de mais liberdade, o índio possui seu ego mais suavizado pelo contato com a natureza, onde a competitividade é menor, o uso da lógica, da racionalidade é atenuado. O Índio estaria, assim, mais próximo das forças básicas da vida, provavelmente, associadas à Psi. Possivelmente a Psi se manifesta mais livremente, fora das amarras de uma vida neurótica, apressada, desidentificada com a natureza, como ocorre com o chamado homem civilizado.

Certamente, estamos falando de índios não aculturados. O índio que vive no seu habitat natural, sem muito contato com o chamado homem branco – o verdadeiro índio – está desaparecendo, está em extinção. Sua cultura está sendo destruída pelo cristianismo dos missionários, pelas doenças dos homens brancos, pelo desejo de imitar os hábitos da civilização. É em relação a este índio, autêntico, que nos referimos neste texto.

CAPÍTULO 7

XAMÃNISMO E SUBSTÂNCIAS DE PODER

Artigo escrito pelo autor em Curitiba, no ano de 1997 e devidamente atualizado.

A chave para o ingresso na realidade transpessoal, para o "Vale da Vida", o passaporte para o transcendente é o transe, a alteração da consciência, seja de modo espontâneo, seja de modo provocado. Ninguém atinge esse estado usando apenas a consciência de vigília, de ego.

Há um conjunto de técnicas pouco conhecidas por nós, ditos "civilizados", capazes de provocar profundas alterações na consciência, possibilitando tal acesso ao transcendente.

Modernamente esses recursos são conhecidos por "técnicas arcaicas do êxtase"[1] ou "tecnologias do sagrado". Aqueles que construíram e detêm essa forma milenar de saber, são os xamãs, os médiuns de diversos tipos, os clarividentes, magos e místicos de todas as eras.

O tópico mais polêmico do xamanismo talvez seja o modo como é encarada a saúde psicológica dos seus praticantes. Os xamãs têm sido rotulados, discriminados, patologizados, denegridos, dissecados, menosprezados de incontáveis maneiras: loucos, histéricos, neuróticos, epiléticos, esquizofrênicos, idiotas, psicóticos, apenas para citar alguns desses rótulos.

Uma das principais razões para essa falsa atitude é o argumento que serve de suporte a toda a ciência ocidental: a crença generalizada de que há uma só realidade fundamental, externa, objetiva e independente dos observadores. Qualquer outra realidade percebida por nós, é considerada uma anomalia que vai desde o simples devaneio até o extremo psicopatológico. Qualquer saída desse referencial aceito como verdadeiro é considerado uma fantasia. O resultado dessa atitude arrogante tem sido uma trágica insensibilidade aos aspectos positivos mais profundos da tradição xamânica.

Entretanto, todos aqueles que, através do transe vivenciam ou alcançam o transcendente, estão convictos de que suas vivências são profundamente reais, ricas de significado, são experiências indescritíveis. Daí ser preferível silenciar e ocultar essas vivências do que explicá-las, inutilmente. É uma situação muito parecida com a conhecida alegoria da caverna descrita por Platão[2] no capítulo VII de A República.

Foram os xamãs, os primitivos construtores da matriz de onde emergiram as bases das religiões.

DEFINIÇÕES

O termo xamã é oriundo da palavra "saman" do povo tungu, natural da sibéria e significa, segundo Walsh[3] "alguém que está excitado, comovido, elevado". Xamã é a palavra usada por antropólogos quando se referem a grupos específicos de curadores em várias culturas, as vezes também chamados curandeiros, bruxos, magos, feiticeiros, pajés, etc.

Dentre as principais características das tecnologias do sagrado, podem ser citados os usos dos seguintes recursos, dentre outros, como fatores desencadeadores do processo:

1- Danças rituais;

2- Sons de tambores que vibram entre 2 a 3 vezes por segundo;

3- Ingestão de drogas psicoativas, enteógenos (substâncias de poder);

4- Sonhos;

5- Um contexto favorável (floresta, cachoeira, margem de rios e lagos, lugares rochosos, fogueiras, florestas, sonhos).

O traço distintivo das tecnologias do sagrado ou êxtase xamânico em si, é o "voo da alma" ou a "viagem", o que é conhecido em psicologia anomalística como Out-of-the-Body-Experience-OBE (Saída do Corpo). É nesse estado que o xamã vivencia a sua "alma" ou "espírito", flutuando pelo espaço e viajando para outros mundos (superior, médio e inferior). O mundo médio seria a nossa realidade material. Nesses mundos, o xamã encontra "espíritos", pessoas ou animais que neles habitam, deles obtendo a causa das doenças e seus meios de cura onde, junto a forças amistosas ou malévolas, intercedem em favor dos membros do seu povo.

Os quatro traços característicos do xamanismo, são:

1- O xamã pode, voluntariamente ou não, entrar em estados alterados de consciência;

2- Quando nesses estados, o xamã sente-se "viajando" para outros mundos;

3- O xamã usa essas viagens como meio de adquirir conhecimentos ou o poder de ajudar os membros da sua comunidade;

4- A interação do xamã com os "espíritos".

O xamanismo segundo Michel Harmer[4], não é uma religião e sim, um método, visando alcançar o sagrado, o transcendente. No xamanismo, não há hierarquias de sacerdotes, um corpo doutrinário, um panteão de deuses nem literatura canônica.

AS SUBSTÂNCIAS DE PODER

McKenna[5] propõe que o misterioso e rápido salto da barbárie à civilização, a causa do aparecimento súbito da inteligência ou da consciência de "eu", se deve ao uso de alucinógenos pelos hominídeos na pré-história. O uso de substâncias alucinógenas objetivando alcançar o transcendente, é fato milenar e amplamente conhecido. Como exemplo, podemos citar:[6]

1- SOMA: vários hinos do Samhitâ do Rig Veda[7] são dedicados ao Soma, uma bebida extraída de plantas ou de cogumelos e usadas em ritos religiosos pelos arianos na Índia védica. Nada sabemos das suas características botânicas;

2- PEIOTE: cacto cujo principal ingrediente ativo é a mescalina, sendo usado pelos astecas desde o ano de 300 a.C. Nos dias atuais, ainda é usado por indígenas norte americanos e mexicanos;

3- OLOLIUHQUI: variedade de sementes da ipomeia. É o alucinógeno sagrado dos Astecas "Ololiuhqui" é provavelmente o que mais foi mantido secreto para o resto do mundo hoje em dia, ainda assim o Ololiuhqui é muito utilizado pelos índios locais da Sierra Madre, Oaxacan, México;

Foto da planta usada no alucinógeno Ololiuhqui.

4- TEONANACATL: (significa carne dos deuses) tipo de cogumelo mexicano, também usado pelos astecas;

5- AMANITA MUSCARIA: é conhecido como agário-das-moscas ou mata-moscas (em Portugal também como rosalgar, mata-bois ou frades-de-sapo). É um fungo basidiomiceto natural de regiões com clima boreal ou temperado do hemisfério norte.

Na foto acima cogumelo de onde se extrai o alucinógeno teonanacatl.

141

Na foto acima, amanita muscaria.

Possui propriedades psicoativas e alucinógenas em humanos. É usada há séculos por xamãs siberianos;

6-RAPÉ DE CO--HOBA: feito de sementes pulverizadas de piptadenia. Um dos gêneros de plantas que contêm triptaminas enteogênicas com longa história de uso é o Anadenanthera, rico em triptaminas metiladas, precursoras do DMT (Dimetiltriptamina). Estas plantas contam com uma história medicinal associada ao seu uso, sendo o principal deles em preparações de rapé. Estima-se que cerca de 20% das populações maias eram usuárias regulares da planta;

7- VINHO DE JURUMENS: feito das sementes de mimosa hostiles. É uma árvore arbustiva pertencente à família Fabaceae, da ordem das Fabales típica da caatinga, ocorrendo praticamente em quase todo nordeste brasileiro, sendo encontrada também em El Salvador, Honduras, México, Panamá, Colômbia e Venezuela;

8- ÓPIO: fumo extraído da papoula; muito usado na Ásia, principalmente na China. É uma mistura de alcaloides extraídos de uma espécie de papoula, de ação analgésica, narcótica e hipnótica. Causa dependência;

9- ÁCIDO LISÉRGICO: (LSD) descoberto na década de 50 pelo laboratório Sandoz;

10-PARICÁ: pó extraído da maceração e secagem de plantas. É usado por xamãs amazônicos, soprando-o diretamente nas narinas de outra pessoa, através de longo canudo vegetal;

11-AYAHUASCA: chá obtido da maceração e cozimento demorado de duas plantas: psicotria viridis (chacrona), da família das rubiáceas e do banisteriopsis caapi (mariri), cipó que parasita grandes árvores hospedeiras. O líquido tem cor marrom, sempre escuro e sabor desagradável. Foi primeiramente estudada pelo botânico Richard Spruce, pelo naturalista Alfred Russel Wallace por volta de 1850. Posteriormente, no ano de 1927, E. Perrot e M. Raymond-Hamet, isolaram o agente ativo do banisteriopsis caapi e chamaram-no de "telepatina." A bebida é usada por xamãs indígenas da Amazônia. O termo Ayahuasca é de origem quichua e significa "cipó dos espíritos" ou "liana dos mortos". Seus principais componentes psicoativos são a harmina (um indol) e a harmalina. Ao penetrar no cérebro através do sangue, passa a competir com a serotonina. É possível que a Ayahuasca tenha sua origem nos Incas (Peru).

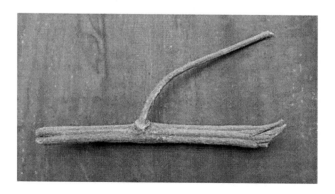

Na foto acima, cipó do Banisteriopis Caapi que me foi dado por Moacir Tadeu Biondo, que se encontra no quintal da sua casa, em Manaus. (Foto do Autor)

MINHA EXPERIÊNCIA COM AYAHUASCA

Bebi Ayahuasca pela primeira vez em Manaus, no final de 1968, a convite de amigos. Foi uma experiência, de início, terrível e ao final, luminosa.

> 1- (Ver: OTTO, Rudolf (1992). O Sagrado. Lisboa: Edições 70).

A segunda vez foi na sede da União Do Vegetal (UDV), núcleo Caupurí, por volta de 1986. Desta vez, a experiência foi deslumbrante, mística e profunda. Durante o transe (Borracheira), tive a oportunidade de "ver" o espírito de um vegetal. A última vez que bebi foi em minha residência, em companhia de amigos, em 1994. A última vez, foi em Curitiba, por volta de 2001. Acredito ter ingerido Ayahuasca, algumas dezenas de vezes.

A dose usual é de 150ml aproximadamente, o que equivale a 4/5 de um copo comum. O transe total dura entre quatro a seis horas, em média, cinco horas. Nenhuma experiência se assemelha a outra. Todas são diferentes entre si.

Na foto acima, copo com Ayuasca.

O transe tem início, trinta a quarenta minutos após ter bebido o conteúdo do copo.

Pessoalmente, divido o transe da Ayahuasca em três fases distintas:

1ª Fase: de 30 minutos a 1h30. Caracteriza-se pela "chegada da força", uma estranha sensação de poder. Em seguida, aparecem belas figuras geométricas coloridas, que surgem e desaparecem, tudo muito rápido, um fluxo cambiante de figuras multicores semelhantes a um caleidoscópio;

2ª Fase: de 1h30 até 3h30. Caracteriza-se por visões de "espíritos"; muitos deles não possuem forma humana. Podem se comunicar conosco e muitas vezes, prestam ajuda. Ou podem apenas aparecer, sinalizar, acenar e desaparecer. Vozes ou barulhos incomuns podem ser ouvidos. Os sentidos são ampliados. Detalhes físicos imperceptíveis, são agora percebidos facilmente.

3ª Fase: de 3h30 ao final do transe. Caracteriza-se por um aquietamento das imagens. Há uma espécie de vazio que pode ser percebido e sentido. Inicia-se uma espécie de contacto com zonas muito profundas do nosso próprio ser. Respostas podem ser dadas sobre questões não compreendidas, como problemas existenciais ou fatos que nos perturbam. Problemas são resolvidos e as respostas emergem do nosso próprio ser. Luzes podem ser vistas, experiências luminosas.

Vale destacar que existem muitas experiências ruins, onde, por exemplo, vivenciamos nossa própria morte, medos aparecem, pavor, figuras hediondas surgem e nos ameaçam. Quando isso ocorre, dizem os membros da União do Vegetal (UDV) que a pessoa está "na peia", um processo de purgação ou limpeza psíquica.

Percebe-se uma ampliação acentuada de detalhes do nosso psiquismo. Se estamos bem conosco, há a possibilidade da experiência ser bela. Se estamos mal conosco, a experiência pode ser ruim.

É recomendável não ingerir bebidas alcoólicas nos dias que antecedem a experiência. No dia exato programado para "beber o vegetal", deve-se evitar pimenta e comer demasiado.

É importante assinalar que o gosto da bebida é muito ruim e há nela uma substância vomitiva, de modo que durante toda as experiências podem ser acompanhadas de fortes sensações de vômito e enjoo.

Caso o final da experiência seja considerado ruim, a saída é acompanhada de tristeza.

Durante algum tempo[8], persegui sem sucesso, a possibilidade do transe da Ayahuasca aumentar as habilidades Psi (habilidades paranormais). Visando testar essa possibilidade, realizei testes em Manaus, usando Gerador de Eventos Aleatórios do Curso Livre de Parapsicologia das Faculdades Integradas Espírita. De outra vez, usei respostas livres. Em ambos os casos, não foi possível detectar a presença da Percepção Extra Sensorial.

CONCLUSÕES

Recentes pesquisas realizadas por McKenna, Grob, Callaway, Brito, Neves, Oberlander, Saide, Labigalint, Tacla, Miranda, Strassman e Boone[9], evidenciaram acentuada mudança de comportamento ético e de atitude, em relação a vícios de fumar e ingerir bebidas alcoólicas, numa amostra de bebedores da Ayahuasca. Isso mostra a ação benéfica dessa bebida ritual nos casos estudados.

Acredito que pessoas portadoras de esgotamento nervoso, neurastenia, neuroses ou que sejam potencialmente tendentes a comportamentos esquizoides, devem evitar beber Ayahuasca. Há necessidade de pesquisas sobre os seus efeitos neurofisiológicos, sobretudo no que se refere ao modo de atuação dos seus componentes psicoativos em conjunto com os neurotransmissores, seguindo os passos do estudo pioneiro de Callaway, Airaksinen, McKenna, Brito e Grob[10].

É importante destacar que a sociedade deve continuar sendo alertada para os malefícios dos alucinógenos que causem dependência e alterações permanentes de comportamento. Entretanto, deve ser assinalado aqui, da relativa pressão de parte expressiva do corpo social, em busca do transcendente, em busca de uma fuga do materialismo tecnicista, da secularização da sociedade atual, seja através da aceitação dos princípios que fundamentam seitas esdrúxulas, seja através do caminho dos alucinógenos.

Uma das características da sociedade pós moderna é o desaparecimento do sagrado, a inexistência de Deus. Sobre a "morte de Deus" assim escreveu o filósofo maldito Friedrich Willhelm Nietzsche:

> "Para onde Deus foi? – bradou – Vou lhes dizer! Nós o matamos, vós e eu! Mas como fizemos isso? Como pudemos esvaziar o mar? Quem nos deu a esponja para apagar o horizonte? Que fizemos quando desprendemos a corrente que ligava esta terra ao sol? Para onde vai agora? Para onde vamos nós? Longe de todos os sóis? Não estaremos caindo incessantemente? Para frente, para trás, para o lado, para todos os lados? Haverá ainda um acima, um abaixo? Não erramos como através de um nada infinito? Não sentiremos a face do sopro do vazio? Não fará mais frio? Não surgem noites, cada vez mais noites? Não será preciso acender as lanternas pela manhã? Não escutamos ainda o ruído dos coveiros que enterram Deus? Não sen-

timos nada da decomposição divina? Os deuses também se decompõem! Deus morreu! Deus continua morto! E nós o matamos! Como consolaremos, nós, os assassinos dos assassinos?"

1- (NIETZSCHE, Friedrich Wilhem (s/d). **A Gaia Ciência**. Rio de Janeiro/RJ: Ediouro: Direitos de Tradução cedidos por Hemus Editora Ltda).

Para finalizar, é importante destacar aqui a concepção de "camada Psicóide", idealizada por Jung[11], na sua "cartografia da psique". Segundo Jung, a consciência humana pode ser subdividida em: ego, inconsciente individual (biográfico), inconsciente coletivo e camada psicóide. Esta última conteria os arquétipos e estaria situada entre o mundo psíquico e o mundo físico. Nessa camada, ocorreriam as interações anômalas entre a mente e o mundo físico, sem a interferência de meios materiais. Seriam as psicocinesias, os Poltergeists, as bruxarias realizadas por povos aborígenes e alguns poderes dos yogues, denominados sidhis.

Ultrapassada a camada psicóide, a psique é mundo, se confunde com o mundo externo. Sobre essa realidade compreendida entre o mundo e a psiquê, disse Jung[12]:

"A microfísica está descobrindo instintivamente o seu caminho em direção ao lado desconhecido da matéria, da mesma maneira como a psicologia dos complexos está se dirigindo para o lado desconhecida da psiquê (...) Mas uma coisa sabemos com certeza: a realidade empírica tem fundamento transcendental. O terreno comum da microfísica conhecido e da psicologia profunda é tanto físico como psíquico e, portanto, nenhum, mas antes uma terceira coisa, uma natureza neutra que podemos, no máximo, perceber por meio de indícios, visto ser a sua essência de cunho transcendental".

Podemos aqui conjecturar imaginando que os xamãs, mediante suas técnicas de acesso ao transcendente, alcançam a camada psicóide e daí, podem atuar na realidade externa, seja através da Percepção Extra Sensorial ou da Psicocinesia, manipulando forças que longe estamos de compreender. Isso é uma hipótese, apoiada nas concepções de Jung.

Se os xamãs mergulham numa fantasia quando entram em transe, por qual razão eles extraem dessa "fantasia", informações corretas sobre como atuar acertadamente na realidade externa? Ou melhor ainda, seria indagar: o que é realidade? Existe apenas uma? O xamanismo nos aponta para a existência de "outras realidades", que são ontologicamente verdadeiras. É preciso saber explorá-las com cautela e argúcia.

NOTAS DE REFERÊNCIA

1- ELIADE,Mircea; **El chamanismo y las** técnicas arcaicas do éxtasis; México, Fondo de Cultura Económica ,1992;

2- PLATÃO (1974). **A república**; SP, Livraria Exposição do Livro, p.193-220;

3- WALSH, Roger N. (1993). **O espírito do xamanismo**; SP, Saraiva,1993;

4- Apud: WALSH, Roger N.; **Idem**; p.23;

5- McKENNA, Terence (1995) **O alimento dos deuses**; RJ, Record; p.42-61;

6- TINOCO, C.A.; **Diretrizes para o estudo da consciência**; trabalho apresentado no I Fórum de Discussão Inter Psi: **Novos Rumos da pesquisa da Consciência.** (1995) Fac. Anhembi - Morumbi, julho;

7- GRIFITH, H. Ralph (Trad.) (1991); **The hymns of Rig-Veda**; N. Delhi, Motilal Banarsidas;

8- TINOCO.C.A.; **Teste de ESP controlado em pacientes sob efeito da Ayahuasca**; Trabalho apresentado ao VI Congresso Brasileiro de Parapsicologia e Psicotrônica, Belém, outubro, 1987; publicado na Revista Brasileira de Parapsicologia, 1994, N° 4;

9- CALAWEY, J. C.; AIRAKSINEN, M. M.; McKENNA, D. J.; BRITO, G. S.; GROB, C.S.; **Platelet serotonin uptake sites increased in drinkers of Ayahuasca** (1994); Psychopharmacology; 116:385-387

10- GROB, C. S.; McKENNA, D. J.; CALLAWAY, J. C.; BRITO, G. S.; NEVES, E. S.; OBERLANDER, G.; SAID E. O. L. LABIGALIT, E.; TACLA, C; MIRANDA, CT; STRASSSMAN, R J; BOONE, KS: **Farmacologia humana da** hoasca, planta alucinógena usada em contexto ritual no Brasil: I. Efeitos psicológicos; Informação psiquiátrica, 1996, v. 15, N° 2.

11- JUNG, C. G.; (1993). **A dinâmica da psique**; Petrópolis, Vozes;

12- Apud: VON FRANZ, Marie Louise; **C. G. Jung; seu mito em nossa época** (1993); SP, Cultrix; p.199;

13- FRÓES, Vera (1983). **História do Povo Juramidam**. Manaus/AM: II Prêmio Suframa de História. Zona Franca de Manaus.

BIBLIOGRAFIA GERAL

Os interessados devem procurar ler os seguintes livros, dentre outros:

1- BRENNAN, J.H. (2016). **Vozes do Mundo Espiritual - A história Secreta do Contato com Espíritos Através dos Tempos**. São Paulo/SP: Editora Pensamento;

2- KARDEC, Allan (s/d). **O Livro dos Espíritos**. Rio de Janeiro/RJ: Federação Espírita Brasileira (32ª Edição);

3- KARDEC, Allan (1995, fevereiro). **O Livro dos Médiuns**. Araras- São Paulo/SP: Instituto de Difusão Espírita;

4- KARDEC, Allan (s/d). **A Gênese**. Rio de Janeiro/RJ: Federação Espírita Brasileira (16ª Edição);

5- KARDEC, Allan (1974). **O Céu e o Inferno**. Rio de Janeiro/RJ: Federação Espírita Brasileira;

6- KARDEC, Allan (1973). **O Que é o Espiritismo**. Rio de Janeiro/RJ: Federação Espírita Brasileira (15ª Edição);

7- KARDEC, Allan (s/d). **O Evangelho Segundo o Espiritismo**. Rio de Janeiro/RJ: Federação Espírita Brasileira (54ª Edição);

8- KARDEC, Allan (1973). **Obras Póstumas**. Rio de Janeiro/RJ: Federação Espírita Brasileira;

Túmulo de Allan Kardec no Cemitério Père Lachaise. (Foto do autor)

9- KARDEC, Allan (1974). **A Obsessão**. Matão: Edições "O Clarim";

10- MORAIS, Jorge (1993). **OBI - Oráculo e Oferendas**. Recife: Organização pelo Desenvolvimento da Comunidade Negra;

11- MAYNARD, Nette Colburn (1967). **Sessões Espíritas na Casa Branca**. Matão: Edições "O Clarim";

12- ROOB, Alexander (2015). **Museu Hermético - Alquimia & Misticismo**. Taschen - Biblioteca Universalis;

13- WILHELM, Richard - Trad. (1994). **I CHING - O Livro das Mutações**. São Paulo/SP: Editora Pensamento;

14- ORTEGA, Alicia (1990). **A Mística e os Místicos - Do Amor que Excede Todo o Conhecimento**. São Paulo/SP: ECE Editora;

15- GORDON, Anne (1995). **O Livro dos Santos**. São Paulo/SP: Editora Cultrix;

16- INGLIS, Brian (1989). **O Mistério da Intuição**. São Paulo/SP: Editora Cultrix;

17- **Dicionário Patrístico e de Antiguidades Cristãs** (2002). Petrópolis – Editora Paulos;

18- VARAZZE, Jacopo (2003). **Legenda Áurea - Vida de Santos**. São Paulo/SP: Companhia das Letras;

19- SCHLESINGER, Hugo & PORTO, Humberto (1995). **Dicionário Enciclopédico das Religiões** (2 volumes). Petrópolis; Editora Vozes;

20- ALMEIDA, João Ferreira (1966). **Bíblia Sagrada**. Rio de Janeiro/RJ: Sociedade Bíblica do Brasil;

21- Todas as obras de Francisco Cândido Xavier;

22- RADHA, Swami Sivananda (1996). **Realidades do Mundo dos Sonhos**. São Paulo/SP: Editora Gaia;

23- BROAD, William J. (2006). **O Oráculo - O Segredo da Antiga Delfos**. Rio de Janeiro/RJ: Editora Nova Fronteira;

24- LESSA, Adelaide Petters. **Paragnose do Futuro - A Predição Parapasicológica Documentada**. São Paulo/SP: Editora Ibrasa;

25- JUNG, Carl Gustav (1971. **Sincronicidade**. Petrópolis: Editora Vozes;

26- ALEXANDER III, Dr. Eben (2013). **Uma Prova do Céu**. Rio de Janeiro/RJ; Editora Sextante;

27- SUGRUE, Thomas. (s/d). **Edgar Cayce - O Homem do Mistério**. Rio de Janeiro/ RJ: Editora Record;

28- STEVENSON, Ian (1970). **Vinte Casos Sugestivos de Reencarnação**. São Paulo/SP: Editora Difusão Cultural;

29- O'LEARY, Denyse & BOUREGARD, Mario (2008). **O Cérebro Espiritual - Uma Explicação Neurocientífica Para a Existência da Alma**. Rio de Janeiro/RJ: Editora Best Seller;

30- SANDUP, Lama Kazi (s/d). **O Livro Tibetano dos Mortos**. São Paulo/SP: Editora Hemus;

31- BUDJE, E.A. Wallis (1982). **O Livro Egípcio dos Mortos**. São Paulo/SP: Editora Pensamento;

32- BUCKE, Richard Maurice (1996). **Consciência Cósmica**. Curitiba: Biblioteca Rosacruz;

33- MILES, Jack (1997). **Deus - Uma Biografia**. São Paulo/SP: Companhia das Letras;

34- RUMI, Jalaluddin (1992). **Masnavi**. Rio de Janeiro/RJ: Edições Dervish;

35- HARVEY, Peter (2019). **A Tradição do Budismo**. São Paulo/SP: Editora Cultrix;

36- ALBERT, Bruce & KOPENAWA, Davi (2019). **A Queda do Céu**. São Paulo/SP: Companhia das Letras;

37- TAIMINI, I.K. **A Ciência do Yoga** (1996). Brasília: Editora Teosófica;

38- NOVAK, Philip (1999). **A sabedoria do Mundo**. Rio de Janeiro/RJ: Editora Nova Era;

39- MAY, Robert M. (1997). **Consciência Cósmica Revisitada**. São Paulo/SP: Elêusis Editora;

40- **Anutara Nikaya- Discursos del Buda**. (1999). México: Edaf;

41- TINOCO, Carlos Alberto (1996). **As Upanishads**. São Paulo/SP: Editora Ibrasa;

42- TINOCO, Carlos Alberto (2005). **As Upanishads do Yoga**. São Paulo/SP: Madras Editora;

43- ABHINAVAGUPTA (1999). **Luce dei Tantra (Tantraloka)**. Milano: Adelfi Edizione;

44- SANKARA (1992). **Viveka - Chudamani**. Brasília: Editora Teosófica;

45- BARBOSA, Carlos Eduardo G (2018). **Bhagavad Gita**. São Paulo/SP: Edições Mantra;

46- **Pláticas com Sri Ramana Mahashi**. (1993) Buenos Aires: Editorial Kier;

47- TAGORE, Rabindranath (1948). **Gitanjali**. Rio de Janeiro/RJ: Livraria José Olympio Editora;

48- ELIADE, Mircea (1996). **Yoga - Imortalidade e Liberdade**. São Paulo/SP: Editora Palas Athena;

49- ZIMMER, Heinrich (2003). **Filosofia da Índia**. São Paulo/SP: Editora Palas Athena;

50- TINOCO, Carlos Alberto (2017) **História das Filosofias da Índia (2 volumes)**. Curitiba: Editora Appris;

51- **Os Grandes Profetas** (1982). São Paulo/SP: Editora Nova Cultural;

52- CAIRNS, Earle E. (2008). **O Cristianismo Através dos Séculos**. São Paulo/SP: Editora Nova Vida;

53- SHELLEY, Bruce L. (2019). **História do Cristianismo**. Rio de Janeiro/RJ: Editora Thomas Nelson;

54- MARTÍN, Consuelo (2000). **Brahma Sutra - Com los Comentarios Advaita de S'ankara**. Madrid, Editorial Trotta;

55- RONEY -DOUGAL, Serena (1993). **Where Science & Magic Meet**. Broadway, Rockport, MA: Element;

56- (Compiled and Edited by HEAD, Joseph and 56-HEAD, Joseph and CRANSON S.L. (1977). **Reincarnation- The Phoenix Fire Mystery**. New York: Julian Press/Crown Publishers, inc;

57- FODOR, Nandor (1966). **Encyclopeadia of Psychic Scence**. University Books, Inc;

58- TSE, Lao (s/d). **Tao Te King**. São Paulo/SP: Fundação Alvorada;

59- CHALITA, Mansur (Trad.) (2017). **O Alcorão - O Livro Sagrado do Islã**. Rio de Janeiro/RJ: Best Bolso;

60- DELUMEAU, Jean (Sob a Direção). **As Grandes Religiões do Mundo**. Lisboa: Editorial Presença;

61- PAGEL, Elaine (1992). **Os Evangelhos Gnósticos**. São Paulo/SP: Editora Cultrix;

62- TRICA, Maria Helena (Compiladora) (1989). **Os Apócrifos Proscritos da Bíblia**. São Paulo/SP: Editora Mercuryo;

63- KLIMO, Jon (1987). **Channeling- Investigações Sobre a Comunicação com Fontes Paranormais**. São Paulo/SP: Edições Siciliano;

64- GROF, M.D., Stanlislav (1994). **A Mente Holotrópica**. Rio de Janeiro/RJ: Editora Rocco;

65- SULLIVAN, Randall (2004). **Detetive de Milagres- Uma Investigação Sobre Aparições Divinas**. Rio de Janeiro/RJ: Editora Objetiva;

66- ENGELS, Christoph (s/d). **1000 Lugares Sagrados**. H. F. Ullmann.